序言

标准是平衡的智慧

当今世界，标准无处不在。尽管我们可能很少注意到它们的存在，但实际上我们每天都在从中受益。从我们身上所穿的衣物，到家中使用的电器，再到学校里学习的知识，都存在标准的身影，标准化已成为人类社会运行的重要基石。那么，标准究竟是什么呢？它又是如何影响我们生活的呢？

标准，是人类文明不断进步的产物。从古至今，标准化在经济社会的发展中发挥了不可或缺的作用。我国古代的“车同轨，书同文”是标准化的早期实践之一，这不仅促进了国家统一，也为经济文化的交流与发展奠定了基础。随着时间的推移，标准化在工业革命和信息化社会的发展中愈发重要。如今，标准化已深深融入我们生活的方方面面，无论是衣食住行、工作学习、休闲娱乐，还是科技创新、社会管理、国际交流，标准都在默默地发挥着巨大的作用。

标准为什么如此重要？因为它不仅仅是统一的规则或规范，更是社会经济高效运转的重要工具。标准化能够规范组织管理，提高工作效率，降低生产成本，确保产品和服务的质量稳定一致，从而提高社会治理水平、增强市场竞争力并促进全球化合作。以工业生产为例，如果没有标准化的零件和流程，现代汽车、电子设备等产品的生产将变得极为复杂且难以控制。

在当前全球化的背景下，标准化不仅是某个国家或地区内部的事务，并已成为全球化进程中的关键纽带。无论是科技创新、贸易往来，还是环境保护和公共卫生，全球范围内的标准化合作与协调都是必不可少的。特别是在经济竞争加剧的当下，国家之间的竞争在某种程度上也体现为标准的竞争。那些能够在国际标准制定中占据主导地位的国家，往往能够获得更大的市场份额和技术优势。

本科普系列图书通过来自“熊猫标局”的熊小标和熊准准的生动故事，用通俗易懂的语言以及新奇有趣的插图，向小读者们讲述标准的起源和发展，以及它在我们日常生活中的应用，带领小朋友们了解标准化的重要性。

学习标准化知识不仅能够帮助我们更好地理解世界的运作机制，还能提升我们的逻辑思维能力和创新能力。标准不是一种僵化的限制，而是一种在多样性与统一性之间寻求最佳平衡的路径。通过了解标准化，我们将学会在复杂的现实环境中制定规则和遵循规则，同时在这些规则的框架内发挥出最大的创造力。

我国作为一个在世界经济舞台上崛起的大国，标准在我国现代化建设中的地位也日益凸显。党的二十届三中全会就构建高水平社会主义市场经济体制、健全推动经济高质量发展体制机制和生态文明制度体系等方面，多次对标准化工作提出要求。随着我国科技的不断创新和经济实力的稳步提升，我们不仅要在国内建立完善的标准体系，还要积极参与国际标准的制定，从而提升我国的国际话语权和影响力，为全球可持续发展贡献中国智慧。

标准化知识的推广和普及在儿童和青少年群体中显得尤为重要。标准化教育的意义不仅旨在让下一代了解标准的重要性，更在于培养其规范意识、团队合作精神和创新能力。

愿本科普系列图书能够帮助小朋友们认识标准在推动社会进步中的重要作用，并激发他们对标准化知识的兴趣。未来的世界将是标准化与创新并行的世界，期待受到这部作品启发的孩子们能够运用标准化思维，推动世界变得更加美好、高效与和谐，为社会进步和全球可持续发展贡献自己的力量！

四川省标准化研究院院长　林涛

2024 年 10 月

四川省标准化研究院
Sichuan Institute of Standardization
标准化科普系列图书

奇妙标准大发现

上 标准化的历史与发展

林涛 / 主编　咪柯文化 / 绘

电子科技大学出版社
University of Electronic Science and Technology of China Press
· 成都 ·

《奇妙标准大发现》

编 委 会

角色介绍

熊小标

身份：熊猫标局局长

熊准准

身份：熊猫标局实习标准化研究员

目录

承

起

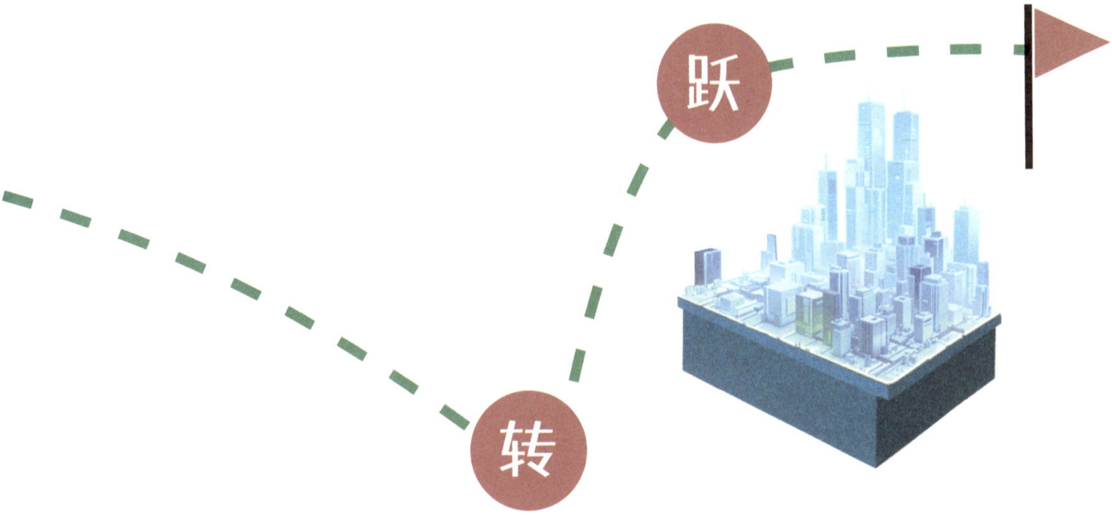
跃
转

标准化的历史与发展

起 原始人也有标准化

熊猫标局
标准化贯穿了人类社会发展的整个过程，要想真正了解标准化，得从远古时期说起……
熊猫标局
局长，究竟什么是标准化呀？
走！我召唤一架时光穿梭机，带你去看看！

标准化的萌芽：工具标准化

在很久很久以前，人类的祖先——原始人，他们不仅要学习与变幻莫测的大自然和平相处，还得应付各种可怕的野兽。

为了更好地抵御敌人，他们住在一起，靠着群体的力量来保护自己，并学会了利用火来对抗野兽。为了生存，他们会通过打猎、抓鱼等来获取食物。

初期，猿人只会吃生食，过着艰难的生活，然而既要生存，又要御敌，仅靠徒手是万万不能实现的。于是，他们学会了利用火，并开始制作一些简单的工具。

渐渐地，他们不仅学会了点火、保存火种、吃熟食，还学会了用火来对抗野兽。

再后来，他们制造出了各种各样的石器、骨器和组合工具，逐渐形成了原始的人类社会雏形。

准准笔记

标准化是人类社会发展的必然产物，同人类社会的历史一样久远。标准化大体经历了远古时期标准化、古代标准化、近代标准化和现代标准化四个重要阶段。在一定区域内出现的约定俗成的表达方式、做事方法，即为远古时期无意识的标准化活动。

由于时代久远、条件艰苦，先民们留下的“遗物”很少。相较于容易腐烂的木头、竹子、皮革制品等，有一样东西埋藏在地下更耐久，那就是石头。

所以，石器被现代人大量发现。光是中国猿人的石器，目前已发现的都有不下十万件。

坛罐山遗址出土的旧石器

虽然数量众多，但无论全世界哪个文明出土的打制石器，都有可被归纳的类别。

不仅如此，专家们还倒推、还原了这些石器的制作方式，也不过以下数种。

碰砧法　摔击法　锤击法　砸击法　间接打片法

准准笔记

远古时期，标准化在人类同自然斗争的活动中逐渐萌芽，特别是在工具制作中，标准化成为自然而然的选择。

这说明，在史前时代早期，工具标准化最强有力的证据就是：无论是从欧洲、非洲出土的石器，还是从亚洲出土的石器，它们的样式、形状和制作方式都非常相似。

我们无法考证在那个非常原始的、还没有形成语言和文字的时期，人类是如何把制作工具的标准传播开来的。

我们只能推测——人们可能会将实用的器物作为“标样”，相互模仿，一代一代地传承下来，逐渐形成了一种规范，这就是人类最初、最简单或者无意识的标准化活动。

准准笔记

标准化活动主要是通过社会实践不断优化、模仿和认同，促使武器、工具和生活用具等趋向简化和实用化。

农业标准初见雏形

在农耕出现之前，原始人类只能通过与大自然进行最直接、最残酷的斗争来获取食物，但这些方法都有很大的随机性。

没有人能保证每天都能摘到果子，尤其是在冬天和春天；也没有人能保证每天都能成功狩猎到大型动物，自己反而有可能成为动物的猎物。

“靠天吃饭”靠不住，怎样才能获得稳定的食物来源呢？

先民们通过长期的狩猎、采集等实践活动，逐渐对部分动物的习性和当地植物的生长情况有了较深的了解。

从人类播种下第一颗作物种子开始，便拉开了农耕文明的序幕。随着制造工具的技术逐渐提高，早期人类开始尝试通过种植和驯化的方式来控制大自然的一部分生产力。

农耕是一项革命性的人类活动，它使人类从狩猎、采集的生活方式转变为定居的农业社会。定居的生活方式为标准化实践活动奠定了基础，促进了人类文明的兴起。

准准笔记

标准化的原则和方法是根据许多实际活动总结出来的。标准则是通过大家一起商量后确定的，目的是让大家都能得到最好的帮助和更多的好处。因此，人们定居下来生活，为标准的制定和发展提供了必要的条件。

农业标准最早可以追溯到距今约一万年前的新石器时代后期。这个时期虽然还没有真正意义上的标准规范，但已经有一些雏形存在。这主要是因为当时人类的语言发展尚不完善，很多标准无法用准确的语言来描述，同时技术也不够成熟。

尽管没有形成法律上的规范，但已经存在了一些基本的规则和约定，历史上有许多真实的例子可以体现早期人类开始有意识地进行农业标准化实践活动。

比如从远古时期传承至 20 世纪的“刀耕火种”这一粗放的农业经营方式，即先使用工具砍伐森林，再焚烧树木，借助烈火消灭杂草、熟化土壤，利用灰烬提供养分，然后播种作物。

再比如“尝百草”“播五谷”及“种粟”等历史记载。

神农氏为了逐渐选育出适合人类需要的栽培植物，使农业标准得以确立，在长期的采集生活中，他对各种野生植物的利用价值和栽培方法进行了广泛的试验。

这些实践活动奠定了农业标准化发展的基础，也为后来的农业生产打下了重要的基础。

准准笔记

标准内容基于大量调查研究、数据分析和试验验证。

原始农业时期，农业标准的萌芽有两个比较鲜明的标志：一是将自然界的野生植物驯化为人工栽培作物；二是原始农具模式的形成，人类开始使用像木制犁和锄头这样的基本农具。

裴李岗遗址出土文物

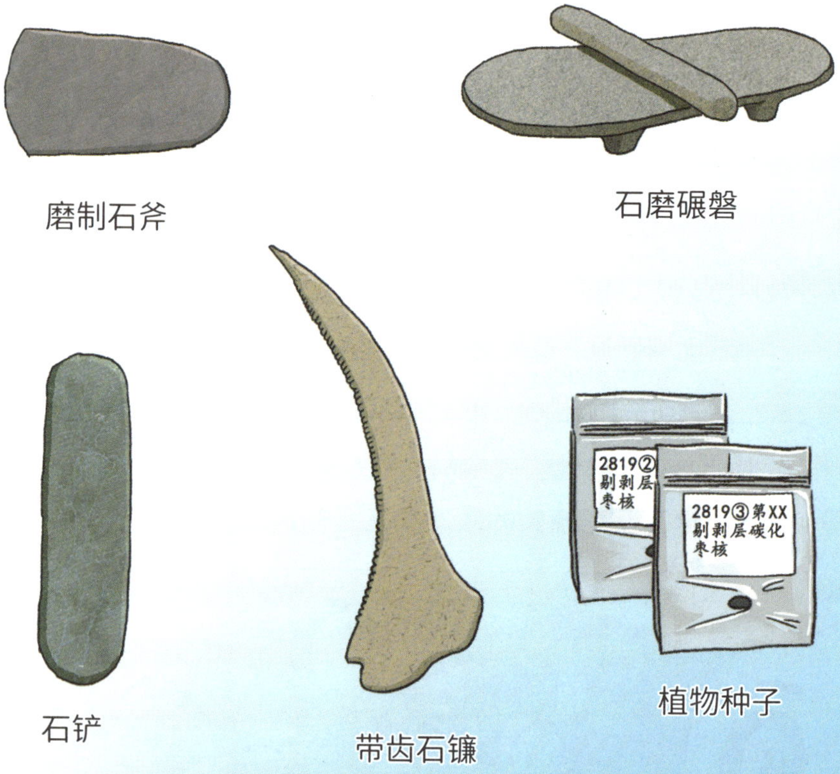

中国是人类从事原始农业活动的起源中心之一。在河南郑州裴李岗遗址，考古学家们发现了距今八千多年的文化遗迹。遗址中出土了大量外形相似的石制农业生产工具，如斧、铲、刀、镰、碾磐等。此外，还发现了已经碳化的果壳、少量植物种子以及家畜的骨头。

河姆渡遗址出土文物

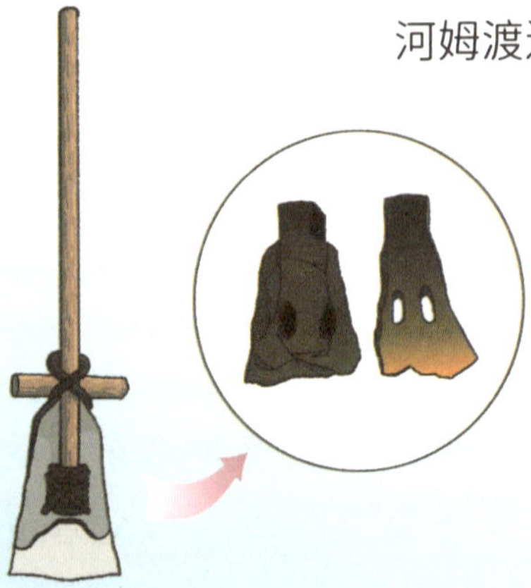

河姆渡带藤条残木柄骨耜

河姆渡遗址出土稻谷

从原始农具的形成过程中不难发现，最开始的农具很简单，一般是用木、骨、石制成的，只能用来砍、砸东西。随着时间的推移，人们制作的农具越来越多样化，不仅可以用来收割庄稼和锄地，还可以用来加工谷物。

早期人类无意识地将农具功能专门化发展，使得远古时期的农具呈现出统一化、通用化以及组合化等标准化形式特征。这样一来，农具便具有稳定性的功能。

农具的规范化促进早期农业逐渐演变为更复杂的农耕文明。这一时期包含了我国历史上一些重要的时代，如新石器时代晚期、夏朝、商朝和周朝，先民们不但开始大规模种植水稻和小麦，农业技术不断进步，社会组织也得到了显著发展。

我国早期农业社会积极投资于水利工程，包括灌溉系统、水坝、水渠和水车。这些设施改善了土地的水分管理，使农田更容易维护，同时增加了农产品的产量。

水利工程

铁器工具在这个时期开始广泛传播，它们的使用提高了农业生产的效率。铁犁、铁锄和铁镐取代了木制工具，大大提升了农民的工作效率。

铁器牛耕

在农耕文明时代，我国开始形成农村社区和农业部落。这些社区和部落是我国发展出古代封建制度的基础。

农业社会的形成

农业节令

早期的文化和宗教实践与农业有关，包括与农业节令和丰收有关的仪式和庆祝活动。这些传统在中国文化中一直延续至今。

农耕对人类历史产生了深远的影响，它改变了人类与自然和社会的关系，促进了文明的形成和发展，标准与标准化在其中起到了决定性的作用。

可以说，人类的文明史，就是一部标准化的发展史。

以物易物，要遵循标准

在原始社会，人们使用的计量方式比较粗略，在很大程度上是依靠如眼、手、脚等自身器官，以及如麦粒、黍粒、竹筒等自然界的产物，来判别事物的数和量、长和短、大和小。

布手知尺

手捧成升

迈步立亩

滴水记时

这些简单的计量方式在当时的日常生活中发挥了重要作用。然而随着农业的出现，人类开始大规模生产和储存谷物，这使得人类对自然界的“量”有了更深入的认识。

这时，他们开始对于“复制”和“循环”有了认知，也就是同样的事物不停地重复。于是，便产生了“结绳记事”。

随着农耕文明的不断发展，继氏族等级的划分之后，社会分工随之出现。这时候的社会不再是人人务农，而是有技能的人专注于自身所擅长的事——农民负责生产粮食，工人负责加工制造，商人负责运输贸易。

社会分工直接促进了生产和产品交换的发展，当一部分人不再用自身劳动力直接生产食物，人们便开始“以物易物”，也就是用物品交换物品。

在商品贸易中，布匹需要测量长度、粮食需要测量容积、肉制品需要测量重量。

那么物品的长度、体积或者重量究竟该如何衡定呢？这便产生了我国最初的计量工具——度、量、衡。

准准笔记

计量器具从本质上起到了标准的作用。

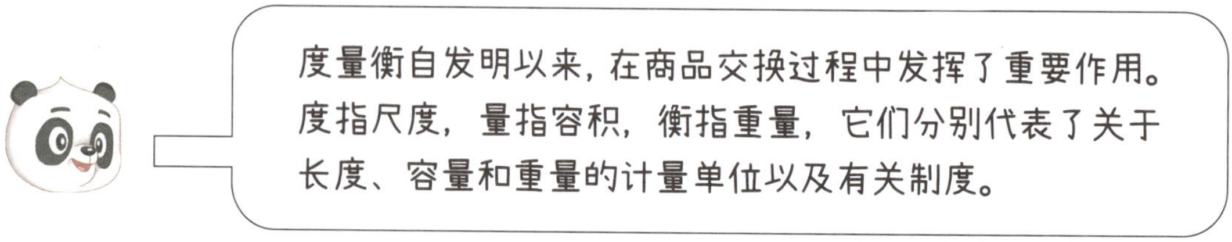

作为物品的计量标准，度量衡涉及国计民生之大事，因此历代统治者都极为重视度量衡的统一。据史书记载，我国大约在4000年前的夏朝初期就将度量衡纳入国家的管理之中。

尧命令羲氏、和氏，根据日月的出没、星辰的位次制定历法，谨慎地教给民众从事生产的节令。

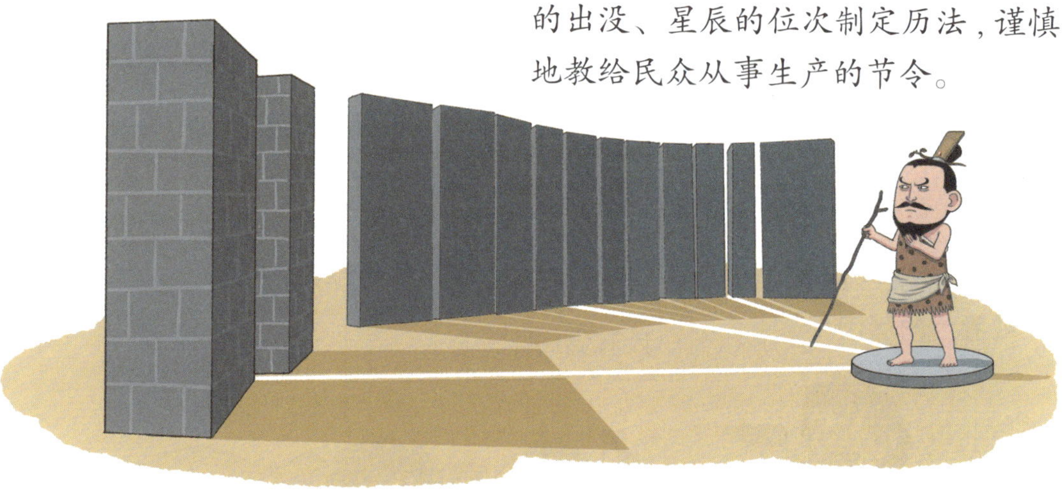

舜把各部族的年月、四季、时辰和度量衡等协同起来。

禹使用规矩准绳等测量工具，丈量规划四方土地。除此之外，其治水以“声为律、身为度、称以出、左准绳、右规矩”，充分利用了“规、矩、准、绳”这些与测量相关的计量器具。

总之，远古时代，计量的功能集中于对生产过程和方法的一种经验型的认定，计量是当时人们为了适应自然和不断调整生产活动的现实需要而零散进行的。这一时期属于计量标准化发展的自发阶段和萌芽阶段。

通过这一演变过程，标准化在推动公平交易、促进社会分工、提高生产效率等方面扮演了关键角色。这不仅是计量工具和单位的革新，更是人类文明从分散走向统一的重要标志。

准准笔记

计量单位和度量衡的标准化，是我国古代标准化发展的重要成果之一。

远古时期标准化产品鉴赏

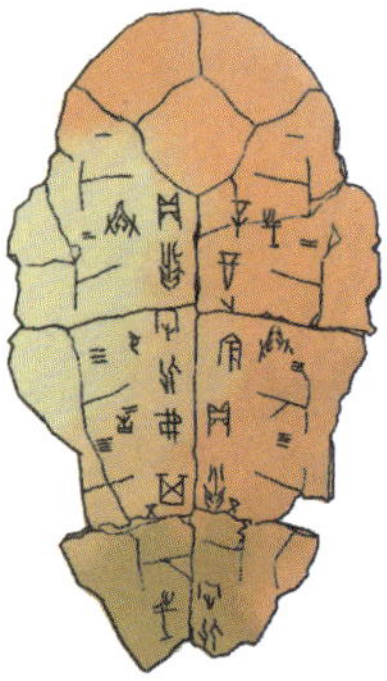

甲骨文

作为中国最早的成熟文字，甲骨文约有4000个单字，被认为是汉字的源头。甲骨文符号系统在商代晚期发展完善，涵盖了象形、指事、会意、形声、转注、假借等构形类型，对汉字的构形规则起到了指导与规范作用，为汉字的标准化发展奠定了基础。

慢轮制陶工艺

陶器的出现为原始农业的发展提供了条件。最初，人们是以手制为主，造型简单，形状不规整，陶胎壁的厚薄也不均匀。随着轮制工艺的发明，陶器的生产效率大幅提升，陶器形状更匀称、壁厚一致，故轮制工艺推动了陶器的标准化。我国有着世界上最古老的制陶传统，早在约8000年前，我国就出现了慢轮制陶，这项工具从本质上反映了早期人类对标准化的追求。

纺轮与腰机

新石器时期，我国先民们就已掌握了原始纺织技术。他们用纺轮将植物和动物纤维纺成线，提高了捻线的效率，线的粗细也更均匀；再用腰机进一步加工纺线，使纺织品标准化生产成为可能。纺轮与腰机的出现反映了生产的专业化和生产强度的提升，推动了文明的进步。

承 齐家治国，标准第一

准准，你在干什么？
嘿嘿！我在制定吃巧克力棒的标准！
我要将自己多年来吃巧克力棒的经验分享给大家：
先将巧克力棒涂抹于嘴唇上；
再用舌尖从右侧嘴角开始舔舐一周；
再轻轻咬下巧克力棒顶部，一定不能咬太多哦；
最后……
我觉得大家需要呀！原始人不就是因为生活需要，才诞生出了标准吗？
有什么意义呢？
我觉得你还需要加强学习！走，去古代！

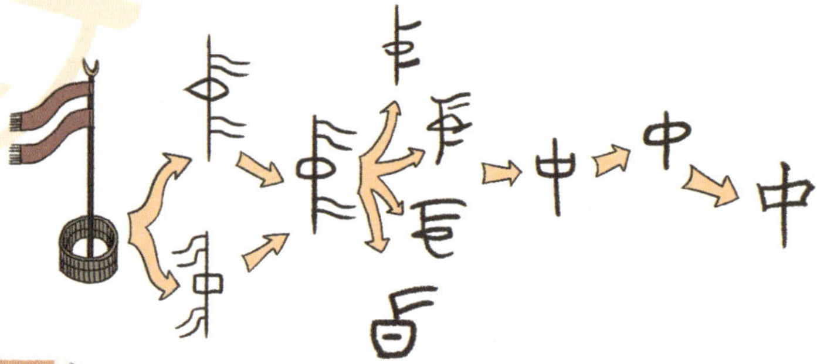

汉字标准化演变过程

远古时期，随着社会的发展和知识、经验的大量积累，人们为了帮助记忆，创造了许多记事方法。

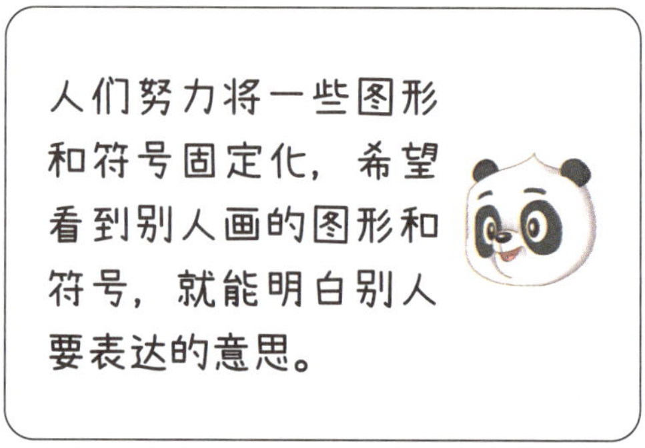

人们开始意识到——要想实现更加有效的信息交流和传播，就要统一记录信息的方式和标准。就这样，象形文字伴随着先民们的标准化意识的进步而诞生了。

我国的原始文字是在原始社会末期出现的。由于汉字产生的意义太重要了，因此古人往往把文字的诞生神化了。

事实上，文字的诞生非一人一手之功，文字应当是由先民们在日常的生产生活中逐渐创造出来的，是长期累积发展的结果。

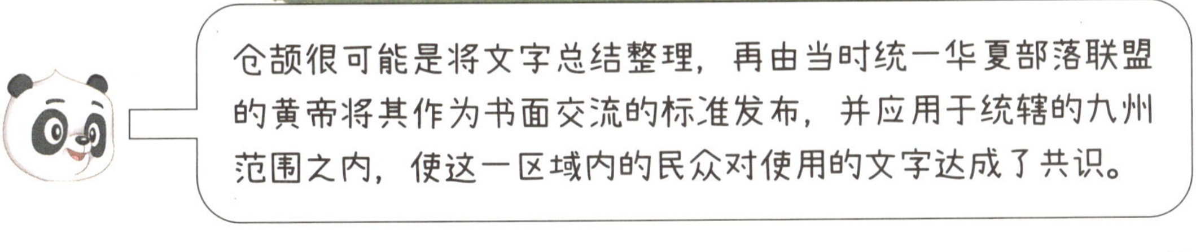

因此，“仓颉造字”这一传说，是我国古书上有记载的最早的文字标准化活动，也是我国标准化史上由无意识趋于有意识的重要标志。

在距今3000多年前的殷商时期，人们把字刻在龟壳和动物的骨头上，并用这些文字进行占卜，相信通过占卜可以预测未来。这就是汉字的起源——甲骨文。商朝的宗教文化对汉字发展起到了巨大的推动作用。

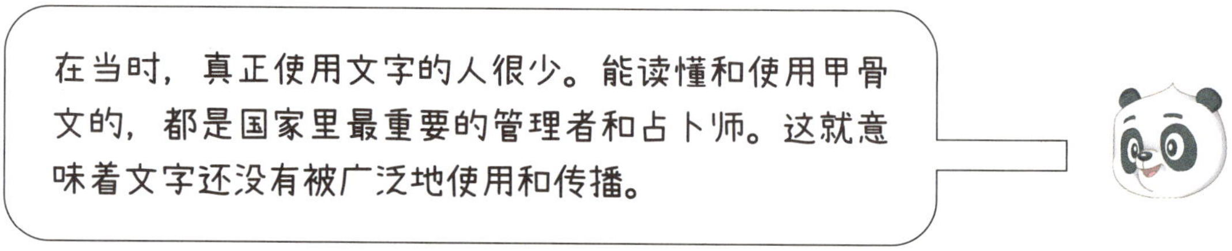

商王求雨

甲骨残片局部（甲骨文）

毛公鼎铭文局部（金文）

到了西周时期，周天子把领土分封给不同的诸侯。各诸侯国不仅需要管理自己的人民，国与国之间也需要保持良好的沟通与交流。

这样一来，文字除了被用来祭祀以外，又被开发出了新的价值，并且迫切地需要普及。

金文相较甲骨文，开始显现逐渐简化和统一化的标准化形式。不过，随着文字的普及，人们面临了一个新的挑战——不同地方的人写出来的字不太一样。

到了秦朝，秦始皇下令“书同文”——将小篆作为标准文字，通用于公文法令。这次统一首次让汉字有了真正的“官方标准”，这也是汉字发展史上的一个重要节点。

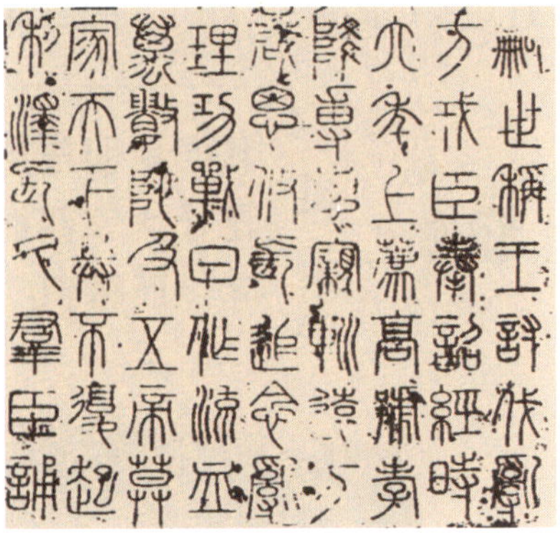

秦朝丞相李斯书写
峄山碑文局部（小篆）

经过这次统一后，秦朝文字的结构得到简化和定型。同时我们可以知道，那时的当权者们已经意识到文字的标准化对推行法令、传播文化具有重要作用，也为之付诸了有效措施。

虽然秦小篆被作为官方文字发布，但它笔画多，书写速度慢，实在不算实用。人们需要一种更便捷的书写方式。

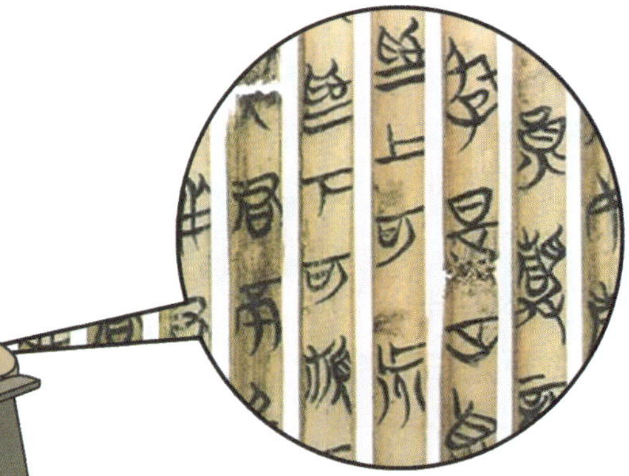

四川青川县郝家坪出土
秦木牍（秦隶）

于是，隶书出现了。隶书的笔画比小篆更加简洁，书写形式更加自由，它迅速流行起来，成为当时人们日常书写的主要方式。

隶书的产生是汉字的一次大革命，它不仅提高了书写效率，更扩大了文字的普及度，让书写不再是少数人的“专利”——在它出现前，只有贵族和官员会使用汉字，而隶书的简化让更多老百姓甚至是奴隶阶层都能学会如何写字。

我们前面提到过，标准是通过大家一起商量后确定的，目的是让大家都能受益。所以，秦朝虽然明文规定小篆为标准文字，而得到广泛运用并传承的却是隶书。

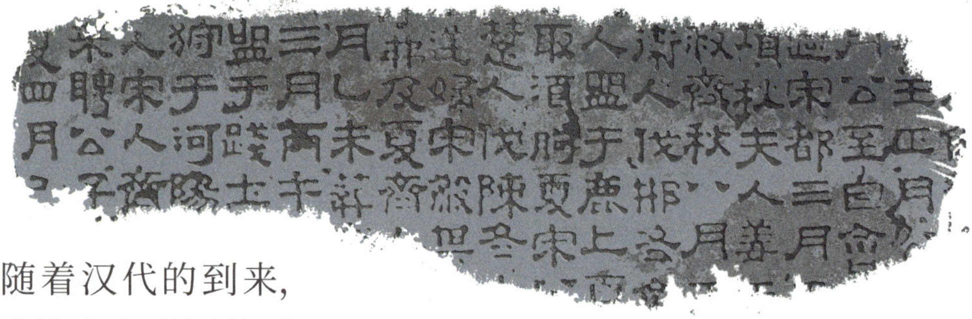

《史晨碑》局部
汉末隶书完全成熟期的代表作品之一

随着汉代的到来，隶书成为官方书写体系，并开始规范化。

在汉代中期，隶书的字形已经趋于稳定，被大量使用的字开始被进一步简化，正式走向了符号化。

简化是标准化的形式之一。当事物的多样性发展到一定规模后，为了控制盲目多样化，实现系统总体功能最佳，就需要对事物的类型数目加以缩减。有意识地简化努力就是标准化的开端。

到了魏晋南北朝时期，在隶书的基础上又逐渐衍生出楷书。

唐朝时，楷书发展到了一个新的高峰，成为官方文件和书籍中最常用的字体。它字形工整、清晰，标准化程度非常高，书写时每一笔都有固定的写法。

北宋时期，毕昇发明了活字印刷术，这是最具有现代标准化特征的文字活动——他成功运用标准化单元、分解组合、重复利用，以及互换性等标准化原则和方法，进行文字印刷活动。

活字印刷术被称为标准化历史上的里程碑。

到了明朝，随着印刷技术的飞速发展，印刷字体逐渐形成了我们今天称为“宋体”的字体，这是汉字标准化的重要里程碑。

进入现代，世界步入工业文明，整个社会变得更加高效。汉字随社会的变化也发生了转变。20 世纪中期，我国进行了汉字简化的改革，简化字的出现使书写变得更加简单易学，提高了书写和学习的效率。

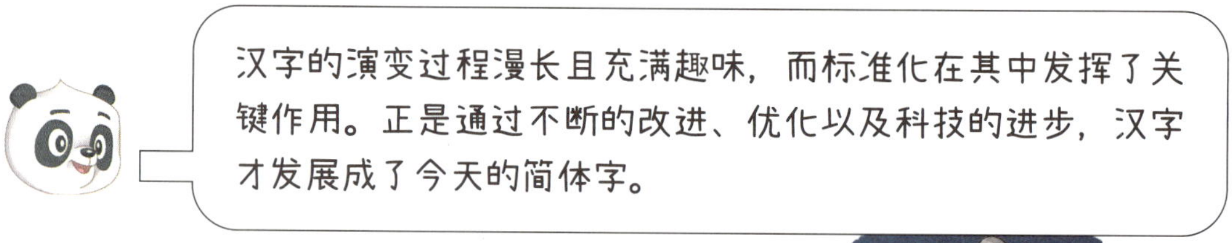

汉字是最伟大的标准化成果之一。幅员辽阔的华夏大地上的人们尽管方言各异，仍能通过统一的文字互相理解。标准化不仅体现在书写上的规范，更推动了社会的有序与高效。

今天，我们能够轻松阅读课本、报纸及手机上的信息，正是因为汉字的标准化。无论是在哪个时代，标准化始终都在帮助人们，让生活更加便利与美好。

百家争鸣，谁是标准？

殷商王朝利用宗教维持统治，强调自己“天命神授”，崇信鬼神到了无以复加的地步，事无巨细都要请示占卜。他们“不问苍生问鬼神”，最终导致社会动荡、民不聊生，而最高统治者却拿不出有效的解决措施。

当一切处理事物的办法来自卦相而非民意，代表神意的殷王朝遭到无情推翻。这个事实给下一任统治者——周王朝以深刻教训，使之认识到人民的力量。

为了更好地治理国家、管理人民，周公创建了一整套具体可操作的礼乐制度——《周礼》，将社会生活的方方面面都纳入“礼”的范畴，如饮食、起居、祭祀、丧葬等活动，都能够从中找到标准。

周礼原则一：“亲亲”

小辈必须尊重长辈。

分封和任命官吏必须“任人唯亲”。

周礼原则二：“尊尊”

严格遵守上下等级秩序，下级必须尊敬和服从上级；特别是作为天下大宗的天子和一国宗主的国君。不得僭越，不许犯上作乱。

《周礼》作为在当时对社会生活各个方面都起着调整作用的规范，已具备法的性质和作用，完全具备有法的三个基本特性，即规范性、国家意志性和强制性。可以说，《周礼》是最早的标准化法。

通过这些标准，周朝的统治者一度成功地规范了人们的行为，在很长时间内实现了让社会更加稳定的目标。

但到了春秋战国时期，周朝的势力逐渐衰弱，各个诸侯国开始争夺权力，不再严格遵循《周礼》的规定。这就是后来被称为“礼崩乐坏”的局面。

由于社会的变化，原有的礼制无法再维持秩序，许多思想家开始思考新的社会规范和行为标准，这也导致了“百家争鸣”的出现。

这场持续了三百年的斗争，本质上是一场标准化活动，不管是哪个思想派别，都希望用自己的主张将社会从无序状态恢复到有序状态。但那时天下四分五裂，形成统一标准很困难。

这种情况一直持续到秦朝一统天下，秦始皇更信奉法家，实行“霸道”。

然而，法家依然没有成为最后的胜利者——法家的思想虽然可以帮秦国统一天下，却无法完美地统治国家，国家内部依然存在很多难以解决的问题。

秦朝灭亡之后，汉朝吸取教训，逐步实行礼乐之“王道”之术。

一直到汉武帝时期，正式确立了“罢黜百家，独尊儒术”之策，将孔孟儒家的礼乐文化思想确立为其治国理政的统治思想。

从那时起，礼仪和道德观念就成了我国社会生活中非常重要的部分——人们通过学习礼仪和道德标准，知道如何尊重长辈、如何与人和谐相处。这些思想一直延续到今天。

规范并不是用来束缚我们的自由，而是为了帮助我们成长，成为更好的人。正如今天我们遵守交通规则、礼貌待人一样，行为规范能够让我们的人生更加顺利。

朕就是标准

春秋战国时期，中国分裂成了数个大大小小的国家，各个国家有自己的文字、货币、度量衡，甚至连马车的轮距都不一样。

田畴异亩

车途异轨

律令异法

言语异声、文字异形

秦始皇统一六国后，为了消除“五异”，颁布各种律令，为计量器具、货币、兵器、文字、道路等都制定了国家标准。

秦始皇开创了中国古代标准化的先河，实现了最早的国际标准化，并由此建立了一个统一的多民族国家。

可以说，秦始皇是国际标准化概念的创始人。

秦始皇“五同”改革

除了“书同文”规定以小篆作为官方文字以外，秦始皇还在哪些方面制定了标准呢？一起来看看吧！

秦陵铜车

车同轨：车辆上两个轮子的距离一律改为六尺。

秦始皇下令统一度量衡的铜诏版

度同制：以原秦国的度、量、衡为单位标准。

行同伦：除了要遵守普遍的道德标准以外，还要具备对秦朝的文化认同和国家认同。

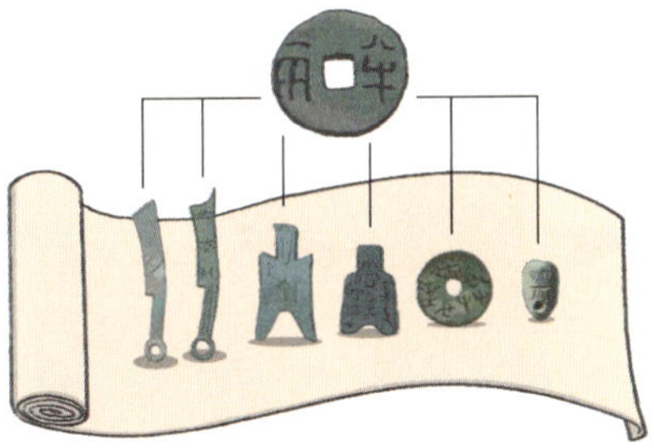

钱同币：明确了不同货币之间的流通及管理办法。

秦始皇还将标准化理念运用到了武器制造上。在兵马俑坑里，考古学家发现了大量体现了标准化模式的物品。

秦弩弩机装置完美展现了标准化的基本原理——通用性、互换性、模块化、系列化，以及零部件标准化等。

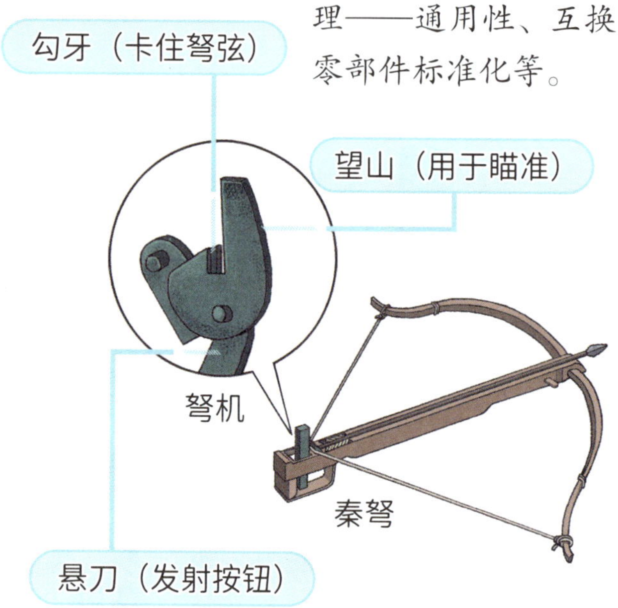

弩机的各个部件制造得非常精密，误差竟然不到1毫米！这意味着在战争中，如果某个部件损坏了，只需对其进行更换便能恢复如初，迅速投入战斗。

箭镞的箭杆和箭头是分开铸造再焊接在一起。箭杆不含铅，这样轻便飞得远；箭头含铅量高，这样硬度高，破甲能力强。

除了金属成分有讲究以外，箭头是用青铜经淬炼制造而成的标准三棱体，其抛光工艺具有很高的规律性。

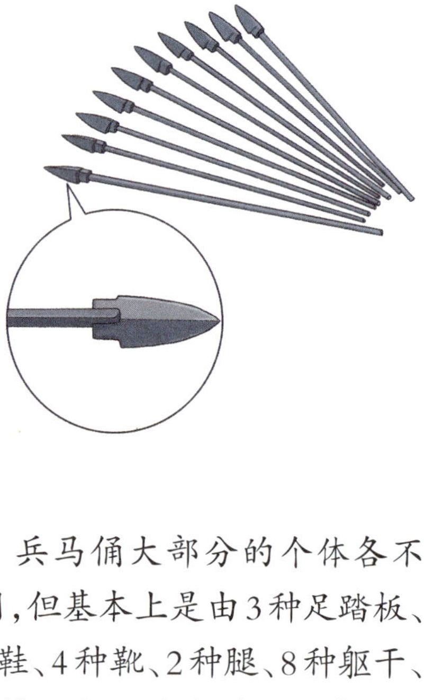

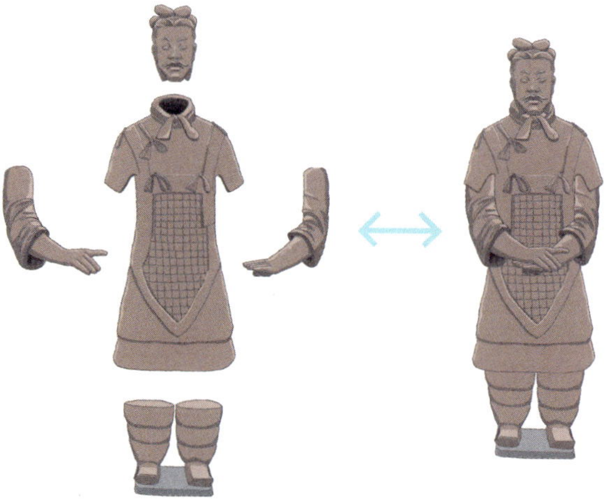

兵马俑大部分的个体各不相同，但基本上是由3种足踏板、3种鞋、4种靴、2种腿、8种躯干、2种铠甲和8种头型，通过不同的模块组合而成的。

秦人是如何在那个全手工制作的时代实现了如此高水平的标准化制造的呢？那就是建设标准化生产体系，对手工业管理及其产品的制作工艺，以及其他物资的检验保管进行规范。

首先，由官方制定并发布通用器物的尺寸标准——《工律》。《工律》规定了工匠们制作器物时，必须按照律令中规定的标准尺寸制作。

接下来，建立专门的生产管理系统：在地方郡县设立工室，归中央少府管理，由工师负责具体生产。

工匠们在正式开始工作之前，必须经过专业的培训。不同年龄、性别和工种的工匠的工作量和待遇标准也有所不同。

另外，所有的物品上都要刻上制造者的名字，实现产品生产的可追溯与不合格产品的监管问责。

通过这些措施，秦朝设计并实施了世界上第一套工业标准化生产体系，高效的生产力为秦军强大的军事实力提供了坚实的基础。

标准化不仅让国家更有秩序，也帮助人们更好地合作，制造出高质量的产品。秦始皇的标准化意识，为中华民族奠定了极为坚实的、统一的基础和“大一统”的概念。

古代标准化产品鉴赏

《考工记》

《考工记》记载了战国时期官营手工业各工种规范和制造工艺，广义讲就是一部标准文本集。

《天工开物》

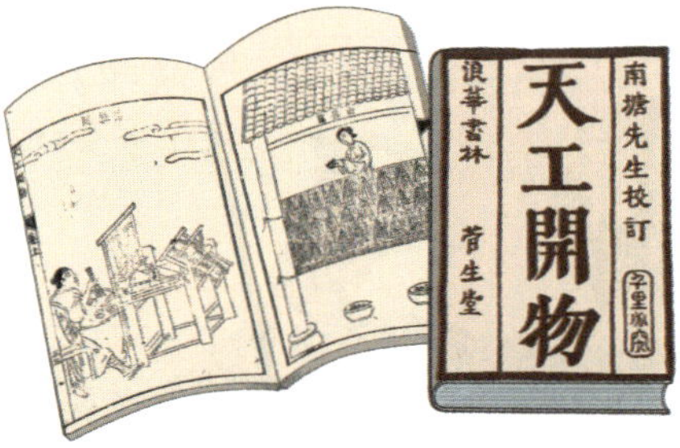

明代《天工开物》是世界上第一部关于农业和手工业生产的综合性著作，是我国古代标准化经验的集大成者。

斗拱结构

斗拱是中国古建筑中的一个基础构件，早在春秋战国时期就出现了。宋代李诫著的《营造法式》，是一部较为系统的建筑标准化著作，其对建筑材料和建筑结构方面进行了规定。其中，斗拱是一项重要的标准化成果。2010 年上海世博会惊艳亮相的中国国家馆，其设计正是借鉴了斗拱结构。

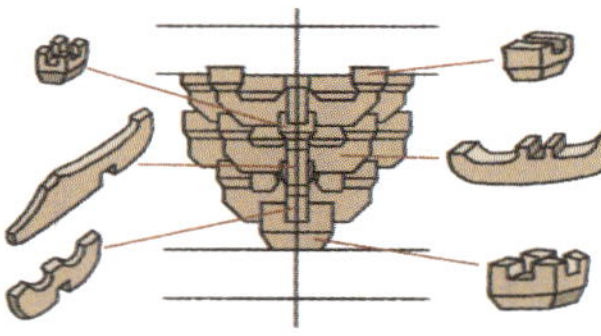

斗拱的基本构造

2010 年上海世博会中国国家馆

《本草纲目》

明代李时珍整理汇编的《本草纲目》是关于药物分类法、药物特性、制备方法和方剂的标准化文献，是我国古代标准史上具有里程碑意义的著作之一。它对促进中医药学、生物学等各学科的进步和发展产生了深远影响。

转

近代标准化，让生产力加倍

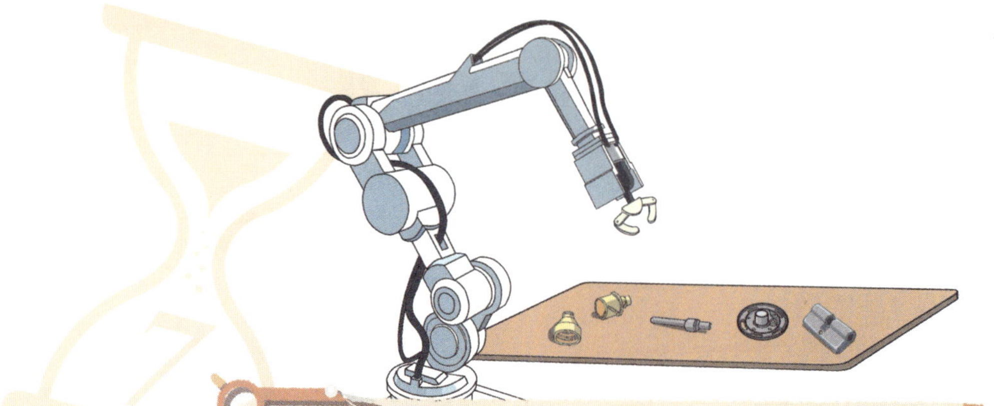

通用零件标准化的先行者

18 世纪的枪支都是工匠们用他们高超的手艺一件件手工打造的，虽然每一支枪都很特别，但这也意味着制作效率非常低。而且如果一支枪出了问题，要修复它可不是件容易的事——毕竟每一支枪都是独一无二的。

1798 年，美国和法国的冲突激化，美国急需大量武器来武装军队。然而，当时的制枪速度实在太慢，于是政府向民间企业发布了一个巨大的订单：两年内生产 40 000 支滑膛枪。

几乎每个供应商都分到了 1000 多支的任务，除了发明家——伊莱·惠特尼（Eli Whitney），他居然一口气接下了 10 000 支的订单！可问题是他连工厂都没有，他到底是怎么做到的呢？

原来，惠特尼提出了一个在当时相当前卫的生产理念——零件可互换。

就这样，惠特尼与美国政府签订了两年内交付 10 000 支枪的合同。然而合同到期时，其他供应商均已按时按量交付，惠特尼用机床批量加工出来的零件却无法组装，没能交出一支枪。

因此，惠特尼即将被军事法庭起诉。他被召到华盛顿向总统和一众官员证明他使用美国国库资金的合理性。惠特尼抓住机会，准备了一场精妙的演示。

惠特尼带了十支枪到场，当着总统和其他官员的面，把这些枪拆成零件，然后随意混合这些零件，接着又快速地组装成完整的枪。

这些枪的每一部分都可以轻松地互换，这让现场的所有官员大吃一惊。以前，大家都认为枪支坏了就要换整把，根本没想过可以换零件。

虽然后来证明，惠特尼的演示是伪造的——他事先标记了零件，并且它们不能完全互换。但这次演示确实展示了零件互换的强大潜力。于是，美国政府给了惠特尼更多的时间和资金，支持他继续推进这个想法。零件可互换概念从理念向实际行动迈出了关键一步，惠特尼因此被誉为“美国标准化之父”。

尽管惠特尼的演示赢得了支持，但他遇到的现实问题依然不小。由于当时的加工技术还不够先进，单靠机床生产出来的零件精度不够高，装配时仍然需要熟练的工人进行手工修磨调整。

如何能够提高零件的精度呢？1835 年，英国人约瑟夫·惠特沃斯（Joseph Whitworth）解决了这个问题——他发明了可测量出万分之一英寸误差的螺纹规，并建立了自己的测量系统，使机械工程能达到相当高的精确程度。

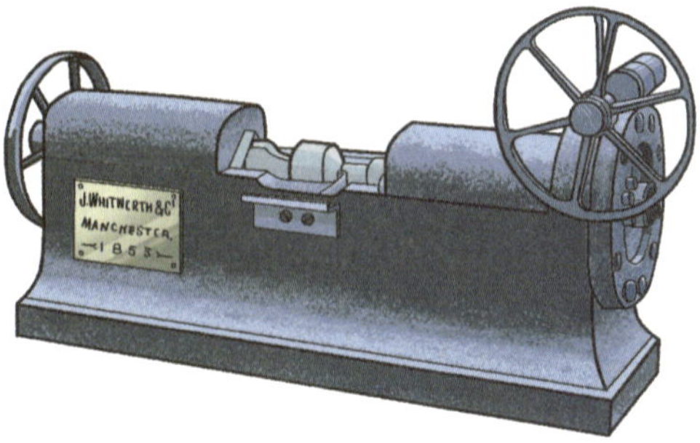

惠特沃斯的万分之一英寸测量设备

在 1841 年，惠特沃斯又提出了标准直径和螺距，统一了当时种类繁多的螺距和尺寸，全球第一个螺纹标准——“惠氏螺纹”标准由此诞生。至此，工艺能力大幅提升，基本零件的加工精度可以精确到可互换的程度，并且可以通过精密的测量设备对零件加工的尺寸进行监控，零件可互换基本实现。

到了 19 世纪后期，随着机床和制造技术的进步，零件互换性变得越来越普遍，生产效率大大提升。

如今，无论是汽车，还是手机或玩具，工厂可以利用高精度的机器大规模生产产品，每个零件能精确地装配到一起，都离不开标准化，标准化帮助我们创造了一个更加高效和便利的世界。

流水线生产，极致标准化

你知道吗？在生产流水线没有出现以前，工厂里的工人们往往依据各自的感觉和经验工作，甚至连所使用的工具和方法都不一样。然而有着近 20 年工厂生产管理经验的弗雷德里克·温斯洛·泰勒（Frederick Winslow Taylor）却相信，通过精确的设计和标准化的操作，任何工作都可以达到最高的效率。

1899 年，泰勒受一家钢铁公司委托，进入其工厂，为其提升生产效率。泰勒把目光聚焦在铲运工人身上，他发现了问题。

泰勒发现：工人们使用自带的铁锹工作，这些铁锹不但大小和形状各不相同，而且无论是搬运轻盈的煤粉，还是沉重的矿石，他们都使用同一把铁锹。这种方法让工人们工作起来非常累，而且产量也不高。

泰勒挑选了几名最强壮、最有经验的工人，由低至高调整他们每铲的负荷，找到能使每天的铲运量最大化的单铲负荷量。

接下来，他设计了多种不同的铁锹，每一种铁锹都适合铲运特定的物料。例如，小铁锹用来铲运重的矿石，大铁锹用来铲运轻的煤屑。这样，使每铲的负荷量保持在最佳数值。

他还研发了一系列最高效省力的标准作业动作，教授给工人们。

为了便于管理，他又制定了一套如分工、培训、激励等配套的管理制度。

最终，得益于泰勒对标准化原则及方法的运用，不仅铲装工人人数下降了三成，工人们的工作也变得更加轻松，日薪还提升了60%。

通过这次研究和实践，泰勒在1911年出版了著名的《科学管理原理》，其中蕴含了丰富的标准化实践经验及思想精华。泰勒成为标准化管理的创始人之一，被誉为“科学管理之父”。

泰勒的科学管理为流水线生产模式的出现打下了基础。

20 世纪初，美国的汽车工业蓬勃发展，其中，最著名的就是亨利·福特（Henry Ford）的福特汽车公司。福特正是从泰勒的科学管理中得到了启发，创造出了世界上第一条生产流水线。

在流水线没有出现之前，会装配的师傅是稀缺资源，其他工人只能做一些协助工作。这导致生产效率非常低，成本也高。

1908 年，面对市场对福特汽车的火热需求，福特提出了一个大胆的设想：把造车的流程拆分到极致，从零件到部件，逐步从小变大，让工人无需动脑就可以完成单一而简单的工作，最终进入总装配线组装成为成品。

于是，福特设计了一条生产流水线。零件从生产线上一端开始，由工人们逐步组装，直到最后产出一辆辆完整的汽车。

福特的流水线革命性地改变了汽车生产的方式，不仅提高了生产效率，还让汽车变得更加便宜，汽车开始进入寻常百姓家。

不过，流水线不仅依赖于标准化的生产管理，还需要标准化的零件和工具（每个零部件都必须符合严格的标准，才能顺利装配到汽车上）。福特的大胆设想得以实现，很大程度要归功于那个年代工业生产中标准化技术的进步。

神奇的流水线生产，不仅从汽车工业逐渐推广到了其他行业，其也成为制造业的标配。流水线的发展也演变成了一次工业革命。福特的生产流水线作业可以说是标准化生产实践活动的丰碑。

准准笔记

近代标准化进入以机器生产和社会化大生产为基础的新阶段时，科学技术适应工业技术的发展，为标准化提供了大量生产实践经验，使标准化活动实现了以定量实验数据为发展新依据。人们也开始通过民主协商的方式，在广阔的领域推行工业化标准化体系。

标准化专业队伍的诞生

随着近代生产技术和科学技术的高度发展，专门的标准化组织不断涌现。各国先后成立了标准化协会 / 学会或国家标准化机构，并开始形成标准化专业和技术队伍，标准化逐渐形成系统的理论。

ISO

中文全称：国际标准化组织

成立时间：1947 年

成员情况：各会员国的国家标准机构和主要工业和服务业企业

宗旨：在世界上促进标准化及其有关活动的发展，以便于国际物资交流和服务，并发展在知识、科学、技术和经济领域中的合作

与华关系：中国国家标准化管理委员会于 1978 年加入 ISO

IEC

中文全称：国际电工委员会

成立时间：1906 年

宗旨：促进电工、电子和相关技术领域中有关电工标准化等所有问题上（如标准的合格评定）的国际合作

与华关系：我国于 1957 年参加 IEC，1988 年起改为以国家技术监督局的名义参加 IEC 的工作，当前是以中国国家标准化管理委员会的名义参加 IEC 的工作

ITU

中文全称：国际电信联盟

成立时间：1865 年

功能：主管信息通信技术事务的联合国机构，因全球电信标准制定工作而享有盛名

与华关系：我国于 1972 年加入 ITU

跃

现代标准化，打破一切壁垒

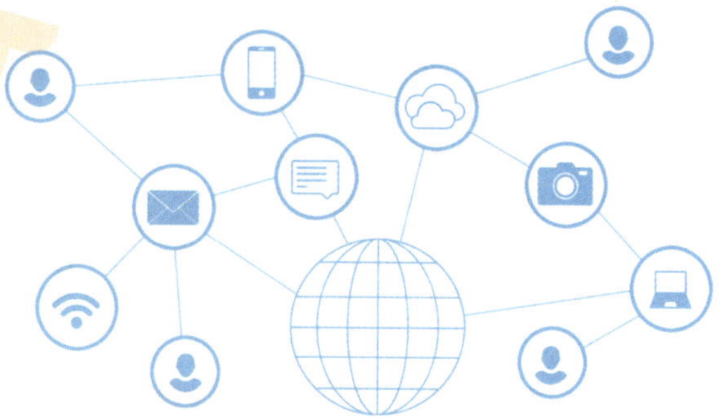

标准化：连接世界的“隐形英雄”

从古至今，标准化不断由农业、工业、贸易领域向服务业、社会治理等领域拓展。它就像一个“隐形英雄”，一直默默无闻地为人类的发展保驾护航，促进着人类社会的进步。

国际标准化的出现更是在更广阔的范围内影响和推动着生产发展和科技进步，使人类的标准化活动进入了一个更高的层次。

到了现代社会，标准化存在于我们生活中的每一个角落，我们的衣、食、住、行、娱，都离不开它的技术支持，它是确保我们所使用的技术和服务安全、可靠、便捷的重要力量。

在如今这个信息技术革命的时代，各个标准化机构都在积极探索和实践标准数字转型。

标准数字化是工业革命以来标准化发展史上的一个里程碑，其为标准化工作创新带来难得的机遇。标准作为技术规则的主要载体，标准数字化转型不仅促进标准化工作本身的高效、透明、协同、智能，还在推进数字经济的健康有序发展中发挥着重要作用。

随着科技革命和产业变革的深入发展，标准化还广泛影响着新兴产业。无论是新材料、新能源，还是新技术，为了确保它们能够顺利发展，适应时代的变化，各大国际标准组织以及世界各国、各地区都在为它们制定新的标准。有了标准，在未来，全世界可以更好地合作，共同应对挑战。

近年来，我国对标准化的重视程度也在不断加强。我国提出了许多针对标准化的重要规划，使标准化事业进入了“全面提升期”。

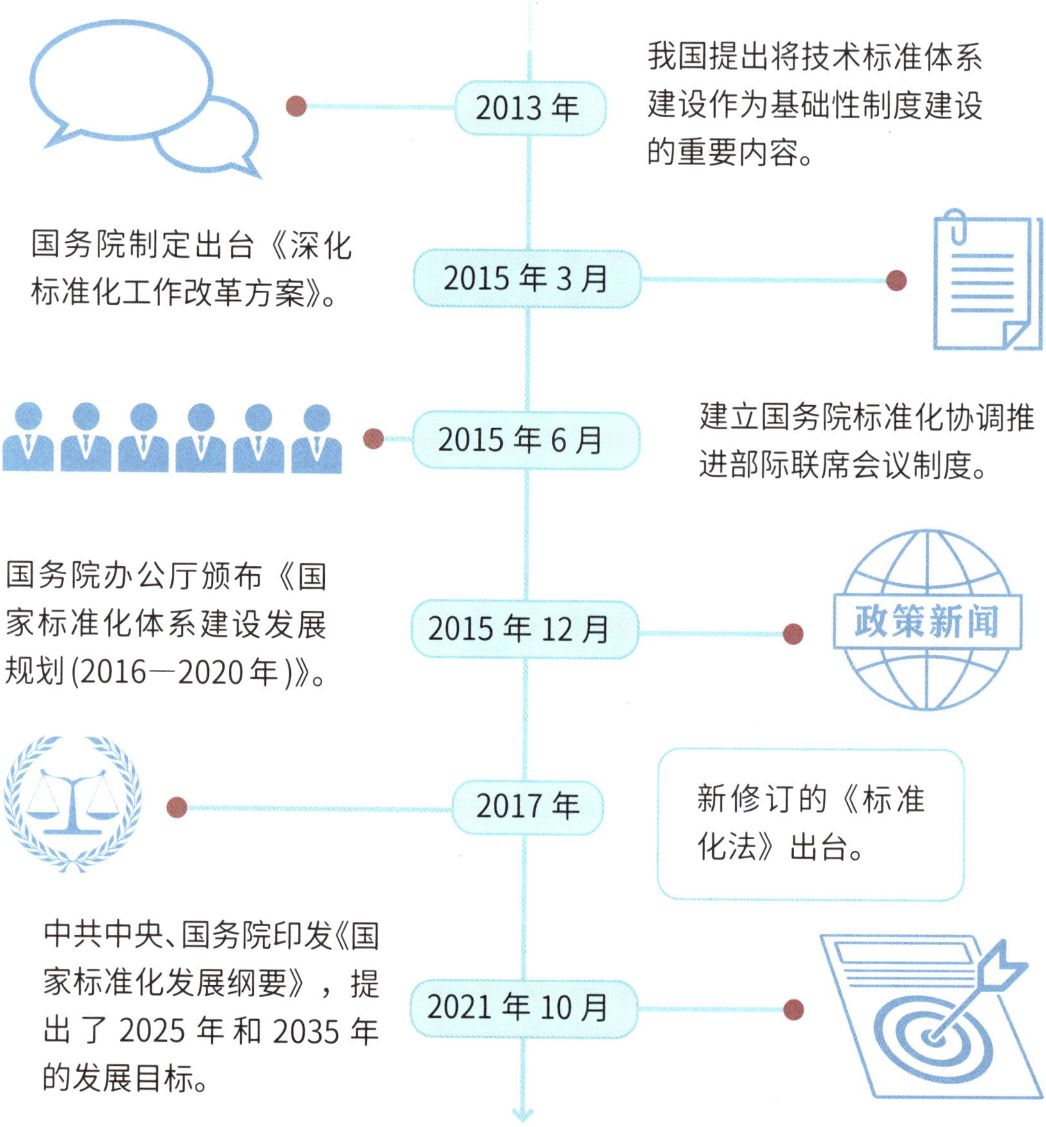

在我国标准化地位更加突出、标准化改革不断深化、新型标准体系初步构建的同时，我国国际标准化工作也不断突破：我国专家相继当选 ISO、ITU 和 IEC 三大国际标准组织的领导职务；我国与许多区域标准组织、国家标准化机构建立了广泛的合作机制……

越来越多的中国企业和技术专家深度参与国际标准化活动，由我国承担的国际标准技术机构主席和秘书长，以及所提出的国际标准提案均大幅增加。我国对国际标准化工作的贡献不断加大。

此外，《国家标准化发展纲要》为未来 15 年我国标准化发展设定了目标和蓝图。

国家标准化发展纲要

2025 年“四个转变”

1. 标准供给由政府主导向政府与市场并重转变；
2. 标准运用由产业与贸易为主向经济社会全域转变；
3. 标准化工作由国内驱动向国内国际相互促进转变；
4. 标准化发展由数量规模型向质量效益型转变。

2025 年“四个目标”

1. 全域标准化深度发展；
2. 标准化水平大幅提升；
3. 标准化开放程度显著增强；
4. 标准化发展基础更加牢固。

国家标准化发展纲要

2035 年目标

1. 结构优化、先进合理、国际兼容的标准体系更加健全；
2. 具有中国特色的标准化管理体制更加完善；
3. 市场驱动、政府引导、企业为主、社会参与、开放融合的标准化工作格局全面形成。

标准化就像是一座桥梁，连接了各国、各行业和各种技术，它让世界变得更加紧密。通过标准化，国与国之间能够更好地合作，企业能够生产出更高质量的产品，人们的生活也会因此而更加美好。

在未来，随着科技的进步和全球经济的变化，标准化将继续在我们的生活中扮演重要角色。中国也将在国际标准化的舞台上，发挥出越来越重要的作用，为世界的进步贡献力量。

我国现代标准化事业的兴起和发展

1949 中央专门成立中央技术管理局，内设标准化规格化处

1956 国家技术委员会成立，负责全国标准化工作

1957 加入 IEC

1958 国家科学规划委员会与国家技术委员会合并称为国家科学技术委员会，下设国家标准局，负责全国标准化工作

1972 原国家科学技术委员会撤销，国家标准计量局成立；我国 ITU 成员身份恢复

1978 国家标准总局成立，全面负责标准化工作；我国 ISO 成员身份恢复

1979 国务院颁布《中华人民共和国标准化管理条例》

1982 国家标准总局改为国家标准局，国务院有关部、委、局都相继设立了标准处，成立了 20 多个专业标准化研究所；我国第一次当选 ISO 理事会成员

1984 首次召开全国采用国际标准工作会议

1988 《中华人民共和国标准化法》颁布，国家技术监督局成立，负责全国标准化、计量、质量工作，并进行执法监督

1990 《中华人民共和国标准化法实施条例》颁布；行业部门和地方也根据管理需要，颁布了相关标准化法规和制度

2001 国家标准化管理委员会成立，统一管理全国标准化工作，代表中国参与国际标准化活动

2008 成为 ISO 常任理事国

2011 成为 IEC 常任理事国

标准知识加油站

一、单项选择题

1. 标准的本质特性是（　　）。

A. 统一　　B. 协调配合　　C. 先进、合理　　D. 法制性

2. 国际标准化组织的缩写是（　　）。

A. ISO　　B. IEC　　C. ITU　　D. WTO

3.（　　）是标准制定的原则之一。

A. 按照规定的程序　　B. 保持与新技术同步

C. 协商一致　　D. 共同使用和重复利用

4. 下列哪个机构负责我国国家标准的制定和修订？（　　）

A. 国家标准化管理委员会　　B. 国家市场监督管理总局

C. 国家发展和改革委员会　　D. 工业和信息化部

5.《国家标准化发展纲要》是在＿年，由＿印发。（　　）

A. 2021；教育部　　B. 2021；中共中央、国务院

C. 2022；国家市场监督管理总局　　D. 2023；国家标准化管理委员会

二、多项选择题

6. 标准化是（　　　　）的活动。

A. 确立条款　　B. 编制文件　　C. 发布文件　　D. 应用文件

三、判断题

7. 在国际贸易中，标准化的重要性主要体现在消除贸易壁垒，促进国际交流与合作方面。（　　）

正确答案：1. A；2. A；3. C；4. A；5. B；6. ABCD；7. √

四川省标准化研究院 Sichuan Institute of Standardization 标准化科普系列图书

奇妙标准大发现

下 生活中的标准化

林涛 / 主编　咪柯文化 / 绘

电子科技大学出版社
University of Electronic Science and Technology of China Press
· 成都 ·

《奇妙标准大发现》

编　委　会

序言

标准是平衡的智慧

当今世界，标准无处不在。尽管我们可能很少注意到它们的存在，但实际上我们每天都在从中受益。从我们身上所穿的衣物，到家中使用的电器，再到学校里学习的知识，都存在标准的身影，标准化已成为人类社会运行的重要基石。那么，标准究竟是什么呢？它又是如何影响我们生活的呢？

标准，是人类文明不断进步的产物。从古至今，标准化在经济社会的发展中发挥了不可或缺的作用。我国古代的“车同轨，书同文”是标准化的早期实践之一，这不仅促进了国家统一，也为经济文化的交流与发展奠定了基础。随着时间的推移，标准化在工业革命和信息化社会的发展中愈发重要。如今，标准化已深深融入我们生活的方方面面，无论是衣食住行、工作学习、休闲娱乐，还是科技创新、社会管理、国际交流，标准都在默默地发挥着巨大的作用。

标准为什么如此重要？因为它不仅仅是统一的规则或规范，更是社会经济高效运转的重要工具。标准化能够规范组织管理，提高工作效率，降低生产成本，确保产品和服务的质量稳定一致，从而提高社会治理水平、增强市场竞争力并促进全球化合作。以工业生产为例，如果没有标准化的零件和流程，现代汽车、电子设备等产品的生产将变得极为复杂且难以控制。

在当前全球化的背景下，标准化不仅是某个国家或地区内部的事务，并已成为全球化进程中的关键纽带。无论是科技创新、贸易往来，还是环境保护和公共卫生，全球范围内的标准化合作与协调都是必不可少的。特别是在经济竞争加剧的当下，国家之间的竞争在某种程度上也体现为标准的竞争。那些能够在国际标准制定中占据主导地位的国家，往往能够获得更大的市场份额和技术优势。

本科普系列图书通过来自“熊猫标局”的熊小标和熊准准的生动故事，用通俗易懂的语言以及新奇有趣的插图，向小读者们讲述标准的起源和发展，以及它在我们日常生活中的应用，带领小朋友们了解标准化的重要性。

学习标准化知识不仅能够帮助我们更好地理解世界的运作机制，还能提升我们的逻辑思维能力和创新能力。标准不是一种僵化的限制，而是一种在多样性与统一性之间寻求最佳平衡的路径。通过了解标准化，我们将学会在复杂的现实环境中制定规则和遵循规则，同时在这些规则的框架内发挥出最大的创造力。

我国作为一个在世界经济舞台上崛起的大国，标准在我国现代化建设中的地位也日益凸显。党的二十届三中全会就构建高水平社会主义市场经济体制、健全推动经济高质量发展体制机制和生态文明制度体系等方面，多次对标准化工作提出要求。随着我国科技的不断创新和经济实力的稳步提升，我们不仅要在国内建立完善的标准体系，还要积极参与国际标准的制定，从而提升我国的国际话语权和影响力，为全球可持续发展贡献中国智慧。

标准化知识的推广和普及在儿童和青少年群体中显得尤为重要。标准化教育的意义不仅旨在让下一代了解标准的重要性，更在于培养其规范意识、团队合作精神和创新能力。

愿本科普系列图书能够帮助小朋友们认识标准在推动社会进步中的重要作用，并激发他们对标准化知识的兴趣。未来的世界将是标准化与创新并行的世界，期待受到这部作品启发的孩子们能够运用标准化思维，推动世界变得更加美好、高效与和谐，为社会进步和全球可持续发展贡献自己的力量！

四川省标准化研究院院长 林涛

2024年10月

角色介绍

熊小标

身份：熊猫标局局长

熊准准

身份：熊猫标局实习标准化研究员

目录

生活中的标准化

教育行业
建筑行业
信息技术行业
医疗健康行业
制造业
服务业
标准化这个“隐形英雄”，在我们的生活中发挥着重要的作用！
哇哦！我想详细了解与小朋友相关的标准！

衣服买“对”不买“贵”

你在买衣服时最关注什么呢？款式？颜色？材质？还是喜欢哪件就买哪件？

小朋友们都想打扮得漂亮、帅气，引人注目。但是你知道吗？服装每天都与我们的身体亲密接触，穿衣不仅是一个审美课题，还是一个健康课题，更是一个安全课题！

服装对人的安全与健康的影响与材质关系不大，与之息息相关的是其使用的加工方式。

哪怕都是纯棉面料，用优良的加工方式生产出来的衣服既安全又舒服；而用偷工减料的加工方式生产出来的衣服上则堆积了无数的有害化学残留物质，最可怕的是你可能从来都意识不到——它们往往导致人慢性中毒，在潜移默化中影响小朋友的生长发育。

此外，款式潮流十足的服装，往往暗藏各种隐患。如果在购买时只考虑美观，就等于把隐患穿在了身上。

即便我们在购买服装时，能够尽量不选择那些看上去具有安全隐患的款式，然而那些残留着看不见、摸不着的有害化学物质的衣服，我们该如何避免买到呢？很简单，对照国家标准。

熊小标带你挑标准童装

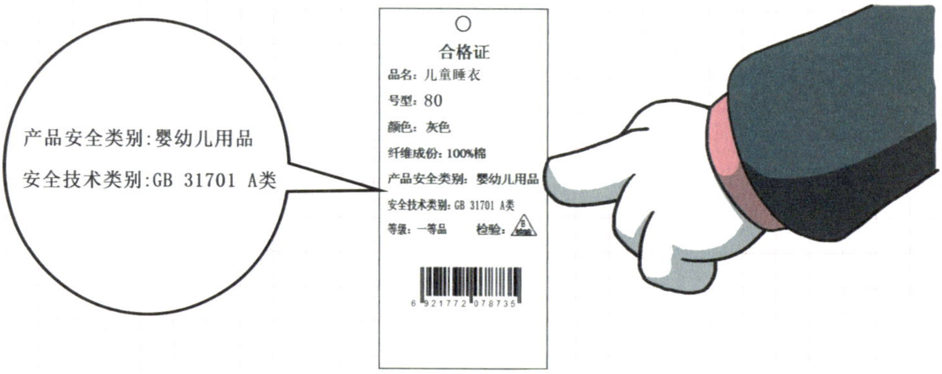

1 查吊牌：确保吊牌、包装上标有“GB 31701”字样，并查看其安全技术类别，贴身衣物选A类或B类，外套可选C类。

童装安全技术类别	
A类	婴幼儿纺织产品
B类	直接接触皮肤的儿童纺织产品
C类	非直接接触皮肤的儿童纺织产品

2 闻气味：如果新衣服发出如霉味、汽油味或煤油味等刺鼻异味，则可断定其化学药剂残留过量，不宜购买。

3 摸材质：贴身衣物尽量选择如真丝、纯棉等天然纤维材质，这类材质制成的服装比较柔软，吸湿透气性好。

4 选款式：尽量选择浅色、款式简单的服装。要慎重选择色彩重、大面积印花的服装，因为有毒物质往往存在于这类服装中。

5 看做工：要关注各种辅料和配件可能带来的安全风险，避免受伤。

6 洗后穿：将服装买回家后，建议水洗后再穿，因为水洗有利于除去浮色及甲醛等有毒物质。

2 童鞋安全“步步高”

“千里之行，始于足下。”双脚不仅支撑着我们行走与运动，还与小朋友们的生长发育息息相关。随着年龄的增长，小朋友的脚型、骨骼、肌肉等会不断发生变化。

足弓成长规律

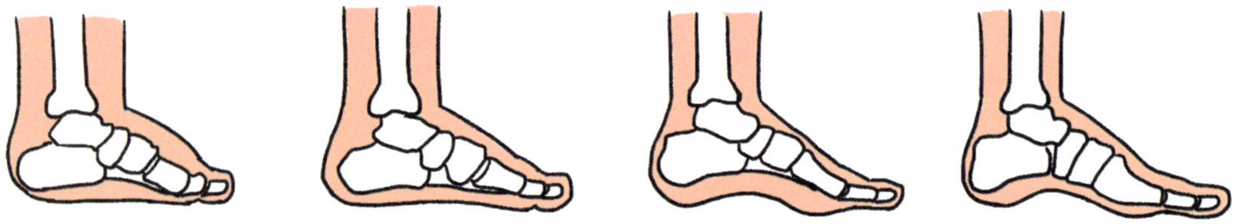

0 岁	4 岁	9 岁	13 岁
足底脂肪较厚，遮盖足弓	足底脂肪开始减少，内侧足弓逐渐显现	内侧足弓成长中	足弓成形，足部功能完全发挥

要想身体长得好，选对鞋很重要！

你一般怎么选鞋子呢？大多数小朋友在为自己选购鞋子的时候，最关注的是款式是否好看，另外就是希望鞋子合脚、穿着舒服。

事实上，一双好鞋子，不仅要有好看的款式，更要有合格的产品质量。如果在儿童时期长期穿鞋不当，可能会导致非常严重的后果。

常见的足部问题

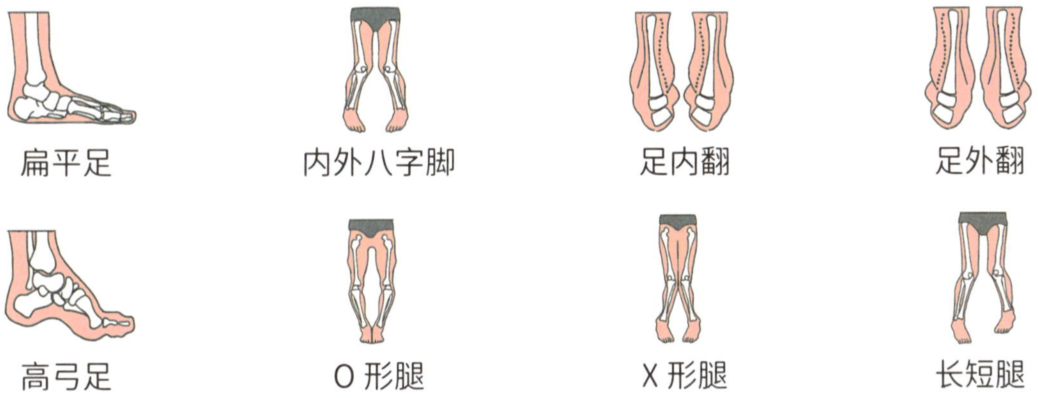

此外，科技的持续进步推动了制鞋材料的全面升级，各种新型材料被广泛应用于制鞋行业。然而新材料虽然给了我们更多选择，但也可能带来更多的化学物质残留风险，给我们的健康带来隐患。

童鞋作为小朋友们日常穿着的物品，直接关系到人类下一代的健康成长，其安全性越来越受到社会各界的关注。

我国在 2024 年修订发布了最新的《童鞋安全技术规范》（GB 30585）强制性国家标准，对童鞋产品的质量要求比以前更加全面与严格，特别是对于化学物质残留量的考核，标准可谓是“步步高升”。

熊小标带你挑标准童鞋

1 查 执行标准：选择包装或吊牌上“执行标准”一栏，清晰标注有童鞋最新国家标准“GB 30585”字样。

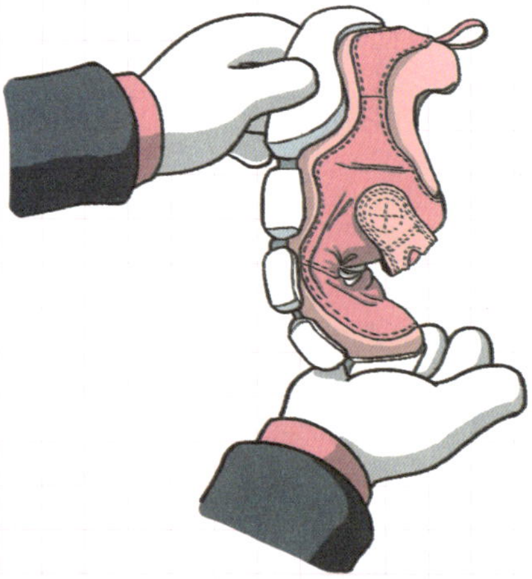

2 闻 气味：尽量避免选购有刺激性气味的鞋子。一双合格的童鞋不应有任何异味，只有凑近时，才会闻到一股淡淡的橡胶味。

3 折 鞋底：选择鞋底软硬适中的鞋子，折叠后弯曲的地方应在鞋底前1/3处。

4 量 一量：童鞋有效跟高不应大于25毫米，鞋底厚度最好为0.5～1厘米。

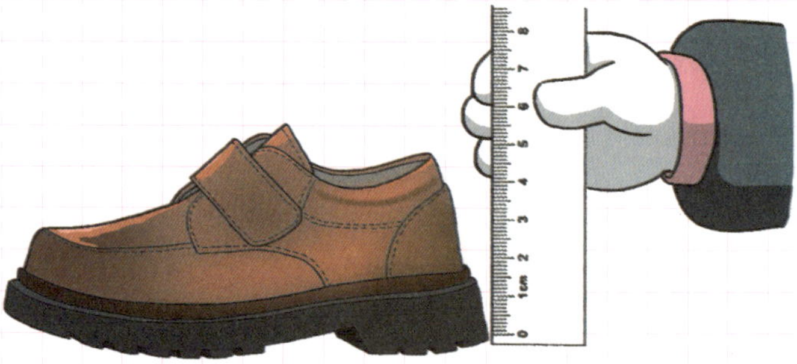

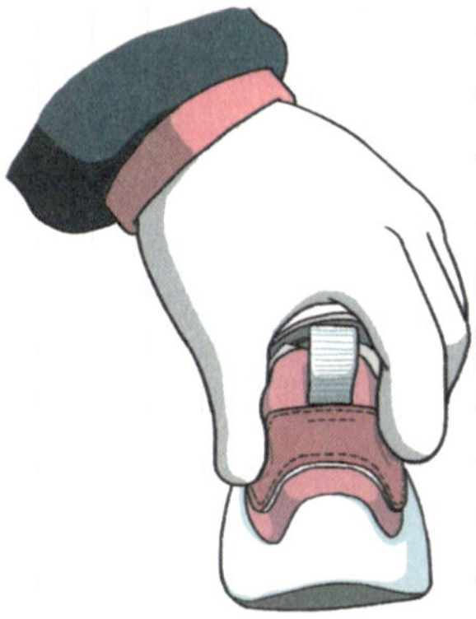

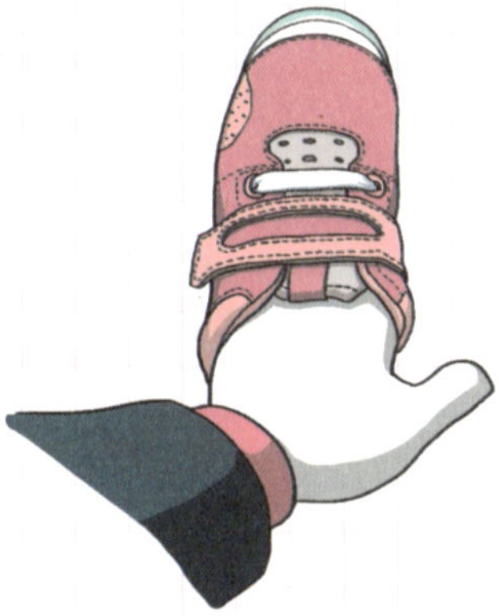

5 捏一捏：鞋子后跟部应有足够的硬度，才具备承托力。

6 按一按：鞋子的前脚掌部位应软硬适中。

7 看鞋面：选择鞋面无过多小附件的款式。新国标规定，童鞋不应有可触及的锐利边缘和锐利尖端。

8 感受防滑度：通过摩擦感受鞋子防滑与否，选择更防滑的鞋子。

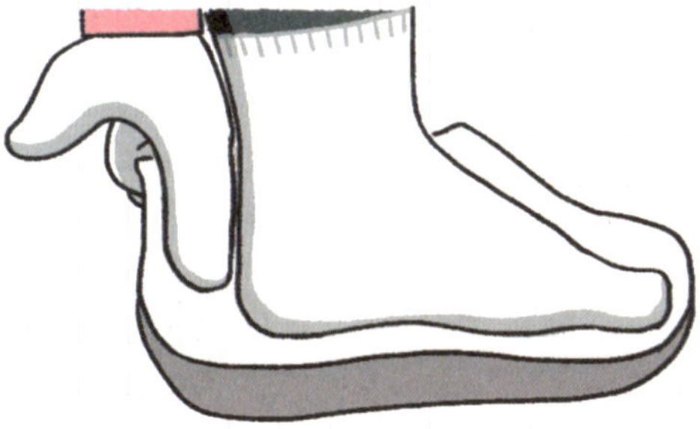

9 扭鞋身：小朋友不适合穿太软的鞋子，扭一扭，若鞋子变形，则说明太软。

10 试大小：穿上鞋后，鞋内空余1厘米左右，则代表大小合适。

3 “真假牛奶”看国标

你喜欢喝牛奶吗？牛奶中所含的营养素比较完全，营养价值很高且易于消化吸收，是小朋友们成长过程中不可或缺的营养食品。

《中国居民膳食指南（2022）》中指出，人们每天应摄入300～500克的奶及奶制品，提倡大家平日里多喝点奶。但是你知道吗？许多包装上打着“牛奶”字样的饮品根本就不是真正的牛奶，它们虽然喝着口感较好，但蛋白质含量却比牛奶要少。

好多人长期喝的是“假牛奶”却不知道，因此并没有起到补充优质营养的作用。

超市货架上的奶类品种成百上千，如果不仔细辨别，一不留神就买到了不是纯牛奶的牛奶。怎样才能买到“真牛奶”呢？国标帮你严格把关！

熊小标带你挑标准牛奶

牛奶		
纯牛奶	GB 25190	仅以生牛乳为原料，加热灭菌后得到的牛奶
巴氏杀菌奶	GB 19645	仅以生牛乳为原料，经巴氏杀菌等工序制得的牛奶
调制乳	GB 25191	以不低于 80% 的生乳和 / 或复原乳为主要原料，添加其他原料或食品添加剂或营养强化剂，采用适当的杀菌或灭菌等工艺制成的液体产品
饮料		
含乳饮料	GB/T 21732	以乳或乳制品为原料，加入水及适量辅料经配制或发酵而成的饮料制品，属于饮料而不是牛奶

1 辨“真假牛奶”：查看包装上的执行标准号，分清牛奶与饮料。

2 查配料：查看包装上的“配料”一栏，尽量选择配料有且只有生牛乳的，或是以生牛乳为主要原料且添加剂少的。

配料：生牛乳
产品类型：全脂巴氏杀菌乳
产品标准号：GB 19645
贮存条件：2～6℃冷藏
保质期：15天
生产日期、上市日期：见盒顶部

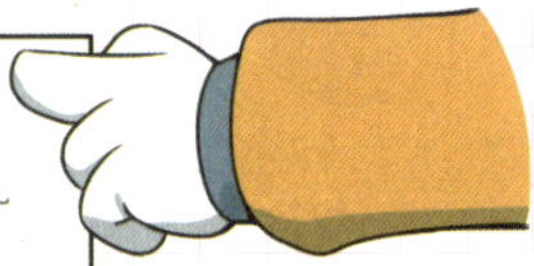

3 **看**蛋白质含量：查看包装上的“营养成分表”，依据现行的国标要求，纯牛奶蛋白质含量应 ≥ 2.9 克 /100 克，脂肪 ≥ 3.1 克 /100 克。

营养成分表

项目	每100毫升	营养素参考值%
能量	307千焦	4%
蛋白质	3.6克	6%
脂肪	4.2克	7%
碳水化合物	5.3克	
钠	60毫克	
钙	120毫克	

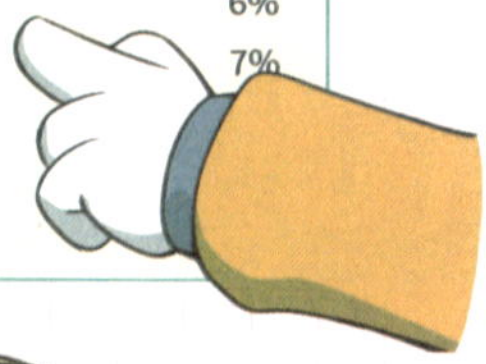

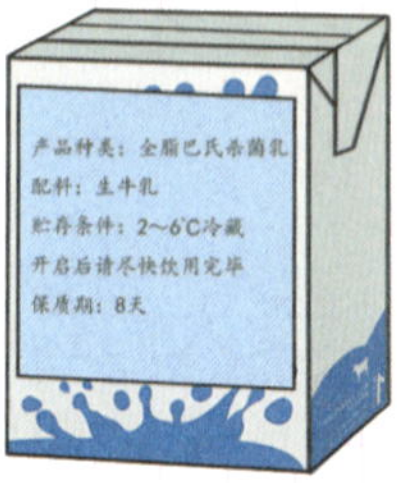

4 **关注**生产日期和保质期：选择生产日期较近的牛奶。

5 **选择**适合的牛奶类型：乳糖不耐受者应选择低乳糖奶或避免空腹喝奶；根据个人需求选择全脂、低脂或脱脂牛奶，以及是否需要添加维生素 D 等。

一忌阳光直射，
维生素B和维生素C全“溜”；

二忌牛奶冰冻，
营养难吸收；

三忌高温蒸煮，
营养少；

四忌铜器加热，
维生素C遭破坏；

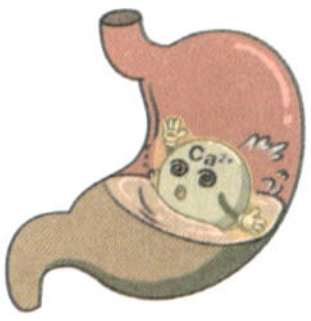

五忌与茶同饮，
钙离子难吸收；

六忌空腹饮奶，
终归一场空。

4 “舌尖”上的安全标准

辣条那种“麻、辣、鲜、甜”复合型的刺激味道一直颇受人们喜爱。对小朋友们来说，辣条不仅是一种让人欲罢不能的美食，还是课间、放学与小伙伴分享快乐的源泉，从而成为学校门口小卖店里最热销的商品，堪称零食界的“扛把子”。

但是，在很多家长心中，零食就是“垃圾食品”的代名词，辣条一类更是被视作洪水猛兽，甚至严令禁止小朋友们接触。

事实上，大人们的担忧不无道理——辣条除了本身就高盐、高油以外，在国家标准出台之前，由于辣条行业一直没有统一的标准，还曾多次被检出食品安全问题。

不卫生的小作坊生产的辣条的细菌、微生物含量严重超标，食用后导致人突发急性胃肠炎，上吐下泻。

无良商家在辣条中添加了如防腐剂、色素等多种食品添加剂，吃多了会致癌。

标准是关系辣条行业发展的重要问题。小朋友们吃得安全，大人们才会放心购买。

2019 年 12 月，国家市场监督管理总局发布《市场监管总局关于加强调味面制品质量安全监管的公告》，从统一辣条类食品分类、加强原辅料和生产过程管控、倡导减盐减油减糖等六个方面对加强调味面制品质量安全监管提出要求。

所以，小朋友们以后在选购辣条的时候，要认准国家标准。

熊小标带你挑标准辣条

① 检查包装完整：选择包装干净，无污染、无破损的辣条；切勿购买如有油脂酸败气味以及油渍渗出问题的辣条。

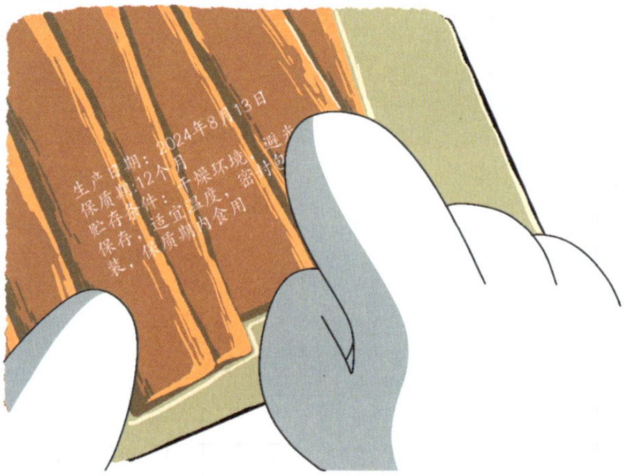

② 确认在保质期内：查看包装上的生产日期、保质期与贮存条件，避免购买到过期食品。

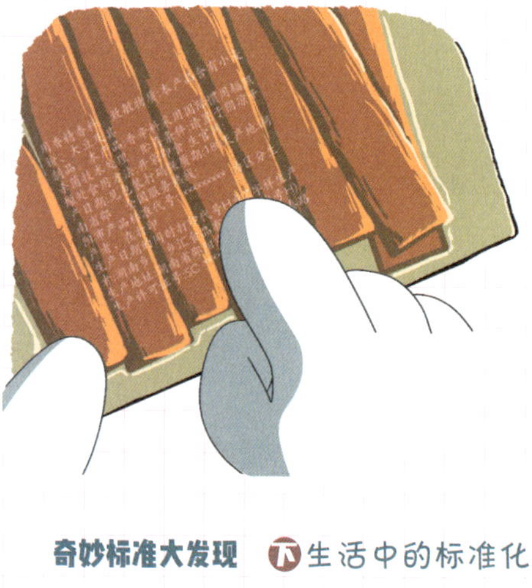

③ 了解产品信息：确认包装标示的食品生产许可证编号、生产厂名、厂址、联系方式以及执行标准号等内容齐全。国家标准《食品安全国家标准—食品添加剂使用标准》（GB 2760）对食品添加剂使用范围和使用量进行了明确规范。

配料：小麦粉、大豆油、水、食用盐、大豆膳食纤维粉、白砂糖、味精、辣椒、香辛料、呈味核苷酸二钠、三氯蔗糖、食用香精、食用色素。

4 查配料表：配料表中排名越靠前的配料，说明其用料越多。尽量选“糖”的排名靠后、添加剂少的辣条。

营养成分表

项目	每100g	营养素参考值%
能量	1809kJ	22%
蛋白质	8.1g	14%
脂肪	25g	42%
-反式脂肪(酸)	0g	
碳水化合物	43.9g	15%
钠	2468mg	123%

5 看营养成分表：尽量选择不含反式脂肪酸、低钠的辣条，避免选择脂肪含量较高的辣条。

5 饮料之“正确选，科学喝”

水是生命之源，人体中水分含量占 60% ～ 70%。适当喝饮料不仅能解渴，还能为身体补充水分和一些必要的营养。

运动饮料可以在运动后迅速补充电解质，帮助恢复体力。

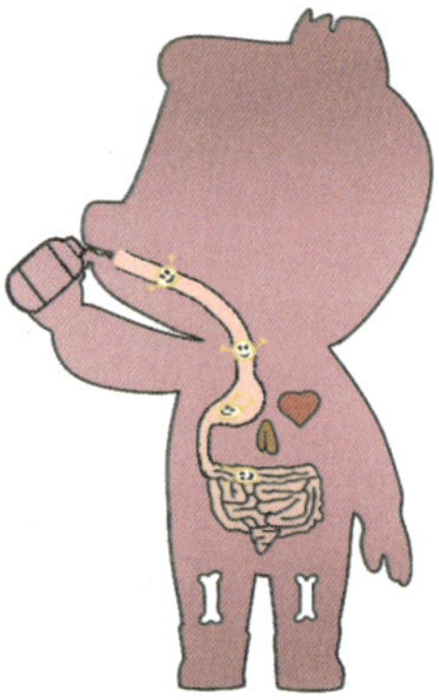

酸奶类饮料含有丰富的益生菌，有助于维持肠道健康。

果汁饮料能为小朋友提供维生素 C，帮助增强免疫力。

饮料在小朋友的日常生活中无处不在。无论是在课间休息时、运动之后，还是在与家人、小伙伴共度的时光，喝上一杯清甜可口的饮料总是特别舒服。但你知道吗？饮料虽好喝，却不能多喝，否则，我们的身体会提出抗议。

此外，市面上售卖的饮料种类繁多，不少饮料中还含有防腐剂、甜味剂、着色剂等多种添加剂。如果饮用过量，任由有害物质堆积在我们体内，美味的饮料将会变成“慢性毒药”，危害我们的身体健康。

因此，除了我们自身要有意识地控制饮料的摄入量以外，选择符合国家标准的饮料也非常重要。

熊小标带你挑标准饮料

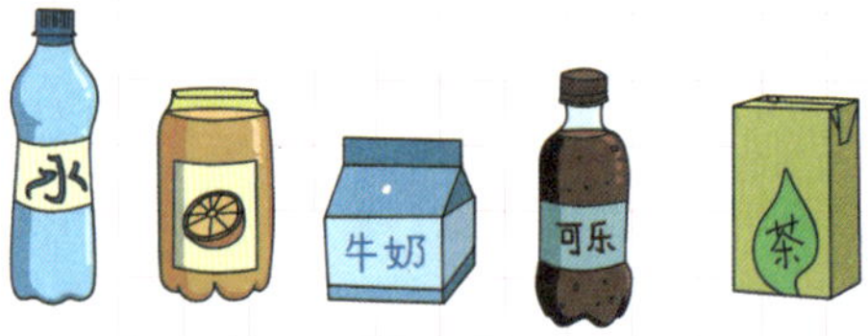

1 了解产品信息：确认包装标示的生产厂名、厂址、联系方式以及执行标准号等内容齐全且正确。

<table>
<tr><th colspan="3">产品名称</th><th>执行标准</th></tr>
<tr><td colspan="3">饮用天然矿泉水</td><td>GB 8537</td></tr>
<tr><td colspan="3">瓶装饮用纯净水</td><td>GB 17323</td></tr>
<tr><td colspan="3">果蔬汁类及其饮料</td><td>GB/T 31121</td></tr>
<tr><td rowspan="8">蛋白饮料</td><td colspan="2">含乳饮料</td><td>GB/T 21732</td></tr>
<tr><td rowspan="5">植物蛋白饮料</td><td>核桃露（乳）</td><td>GB/T 31325</td></tr>
<tr><td>花生乳（露）</td><td>QB/T 2439</td></tr>
<tr><td>杏仁露</td><td>GB/T 31324</td></tr>
<tr><td>椰子汁及复原椰子汁</td><td>QB/T 2300</td></tr>
<tr><td>豆奶和豆奶饮料</td><td>GB/T 30885</td></tr>
<tr><td colspan="2">复合蛋白饮料</td><td>QB/T 4222</td></tr>
<tr><td colspan="2">其他蛋白饮料</td><td>蛋白质含量（质量分数）≥ 0.5%</td></tr>
<tr><td colspan="3">碳酸饮料（汽水）</td><td>GB/T 10792</td></tr>
<tr><td colspan="3">运动饮料</td><td>GB 15266</td></tr>
<tr><td colspan="3">茶（类）饮料</td><td>GB/T 21733</td></tr>
<tr><td colspan="3">咖啡（类）饮料</td><td>GB/T 30767</td></tr>
<tr><td colspan="3">植物饮料</td><td>GB/T 31326</td></tr>
<tr><td colspan="3">谷物类饮料</td><td>QB/T 4221</td></tr>
<tr><td colspan="3">固体饮料</td><td>GB/T 29602</td></tr>
</table>

2 确认在保质期内：查看包装上的生产日期、保质期与贮存条件，避免购买到过期饮料。

3 查配料表：尽量选择配料简单、糖分较低、添加剂少的饮料。

4 看营养成分表：从营养角度选择富含蛋白质、维生素、矿物质和膳食纤维的饮品；运动时选择含有适量电解质和糖分的饮料。

营养成分表

项目	每100毫升	营养素参考值%
能量	167千焦	2%
蛋白质	0克	0%
脂肪	0克	0%
碳水化合物	9.4克	3%
——糖	9.4克	
糖	22毫克	1%
维生素C	7.5毫克	8%

《中国居民膳食指南（2022）》中建议：

（1）饮水首选白水；

（2）如果想喝饮料，要尽量选择能量低的饮料；

（3）为避免含糖饮料腐蚀牙齿，饮用含糖饮料后，应立即用清水漱口。

6 选牙刷，认准新国标

牙齿具有咀嚼、发音、表情等功能，是人体的重要器官之一。口腔健康直接关系到小朋友全身的发育，保护牙齿，要从小做起。

牙齿帮助我们咀嚼，促进消化和营养吸收。

健康的牙齿令我们发音清晰，能清晰表达自己的想法。

健康的口腔帮助我们减少全身感染的风险，促进全身健康。

健康的牙齿让我们自信开心，促进心理健康。

“工欲善其事，必先利其器。”选择一把好牙刷尤为重要。

你是怎样挑选新牙刷的？——大人用大牙刷，小朋友用小牙刷，这是大多数人的观点。但以这样粗略的标准来作为选择牙刷的依据，是不是一种最有利于我们的身体健康的方式呢？

超市货架上售卖的牙刷往往造型各异，种类又多又杂，切勿只依据好看的外观来作选择。那么在挑选牙刷时，我们究竟应该依据什么样的标准呢？

熊小标带你挑标准牙刷

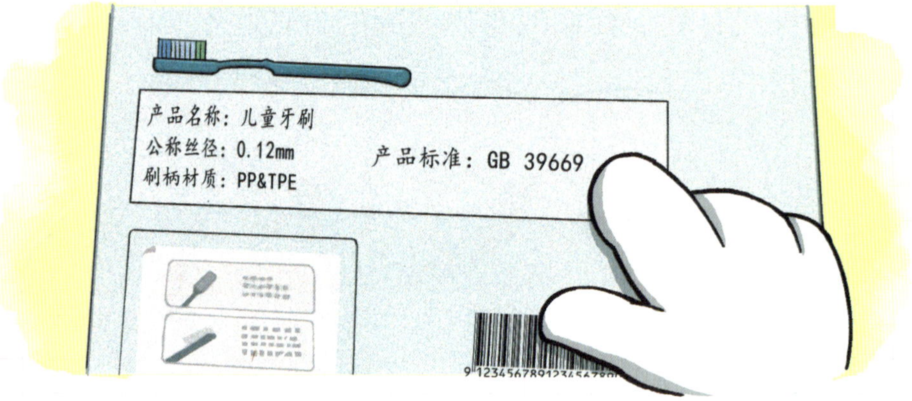

1 认 准新国标：查看包装有无注明以GB加数字组合而成的国标代码。有国标认证的牙刷，安全、卫生有保障，有害物质不超标。目前，儿童牙刷的最新代码为GB 39669。

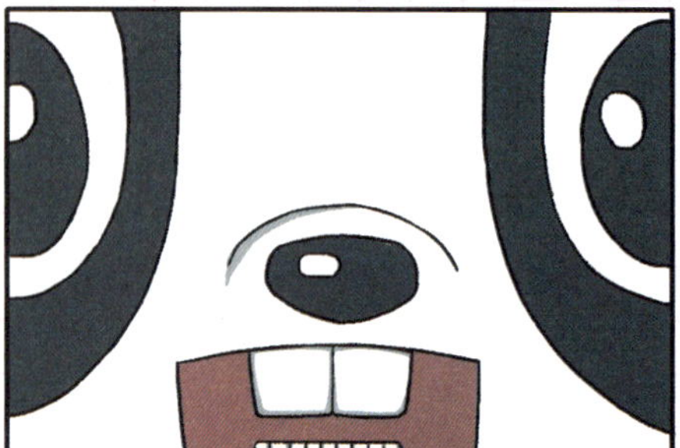

2 比 刷头长度：儿童牙刷的刷头差不多是小朋友2～3颗门牙的长度，排列长度≤2.9厘米。

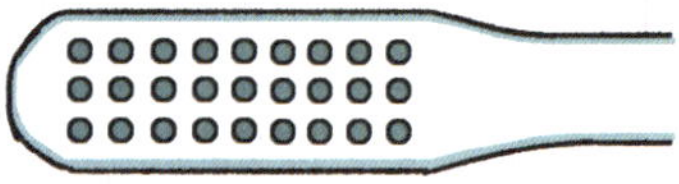

3 数 刷头宽度：刷头大概不超过4列刷毛，宽度≤1.1厘米。

刷头稍微小一些的牙刷，可以在嘴巴内灵活转动。

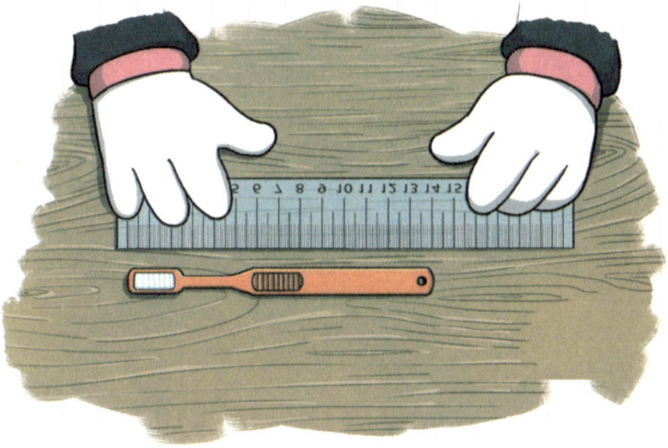

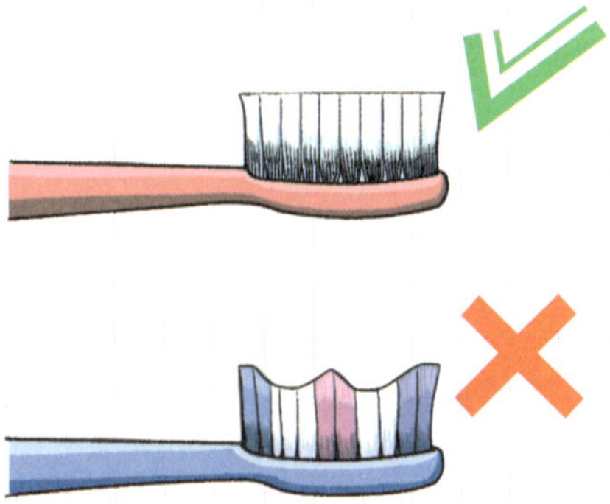

4 量 手柄长度：长度为 11 ~ 18 厘米。自己刷牙的小朋友，建议选较为粗短且有防滑设计的。

5 看 刷毛顶端形状：根据国标，儿童牙刷刷毛单丝顶端轮廓经磨毛应去除锐角，且不应有毛刺。

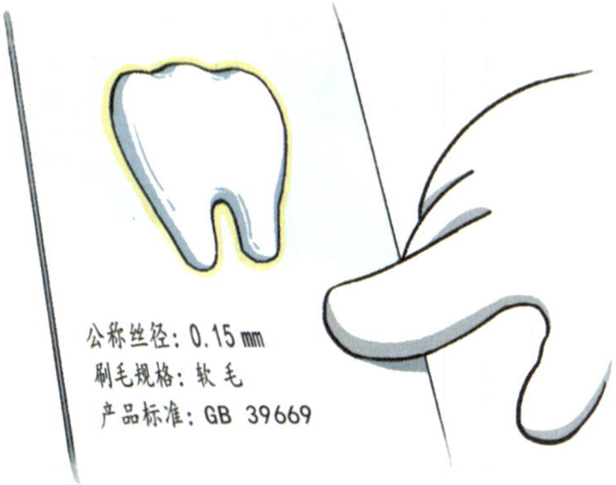

6 了解 刷毛软硬：查看包装上“公称丝径”一栏，一般数值为 0.13 毫米或 0.15 毫米的儿童牙刷的清洁效果更适合小朋友。

7 学国标，健康用电脑

在这个数字化飞速发展的时代，电脑早已不再是冷冰冰的机器，而是小朋友们探索世界的神奇钥匙。

电脑既能为我们提供丰富的互动体验和学习资源，还能激发出我们的创造力，深刻地影响着我们的生活与学习。

电脑作为我们接触网络的重要媒介，我们对它越来越依赖。可是你知道吗？电脑是把“双刃剑”，不正确地或过度地使用电脑，会对我们的身体健康造成伤害。

电脑有辐射，长时间注视电脑屏幕会导致我们眼疲劳，最终有可能形成近视。

在使用电脑时，长时间保持如低头、弓腰驼背等不健康的坐姿，会影响我们的骨骼发育。

长时间使用电脑，可能会大量占用我们原本应该运动的时间，进一步影响我们的身体健康。

为了小朋友们的健康，我国专门制定并实施了一套如何正确使用电脑的国家标准，对使用电脑的姿势要求、电脑组件布置要求和使用环境卫生要求等都作出了明确的规定。

你现在正坐着吗？跟熊准准一起练习“国标坐姿”吧！

熊小标教你正确用电脑

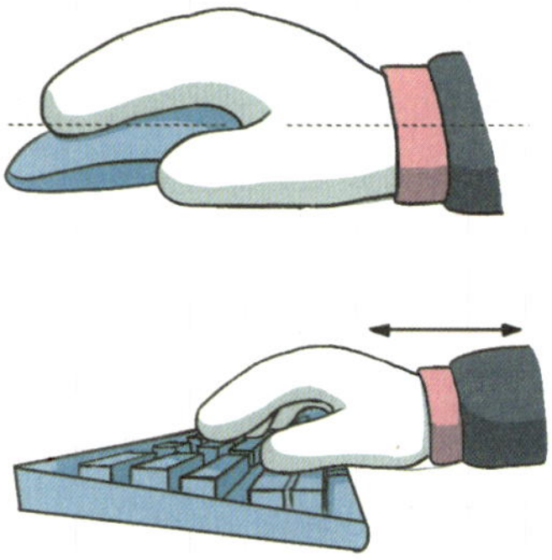

手腕自然舒展与前臂形成一条直线

1 坐得端：操作电脑时，采取并保持《学生使用电脑卫生要求》(GB/T 28930) 中要求的姿势，可以有效防止不当使用电脑造成的视力下降、脊柱侧弯等问题。

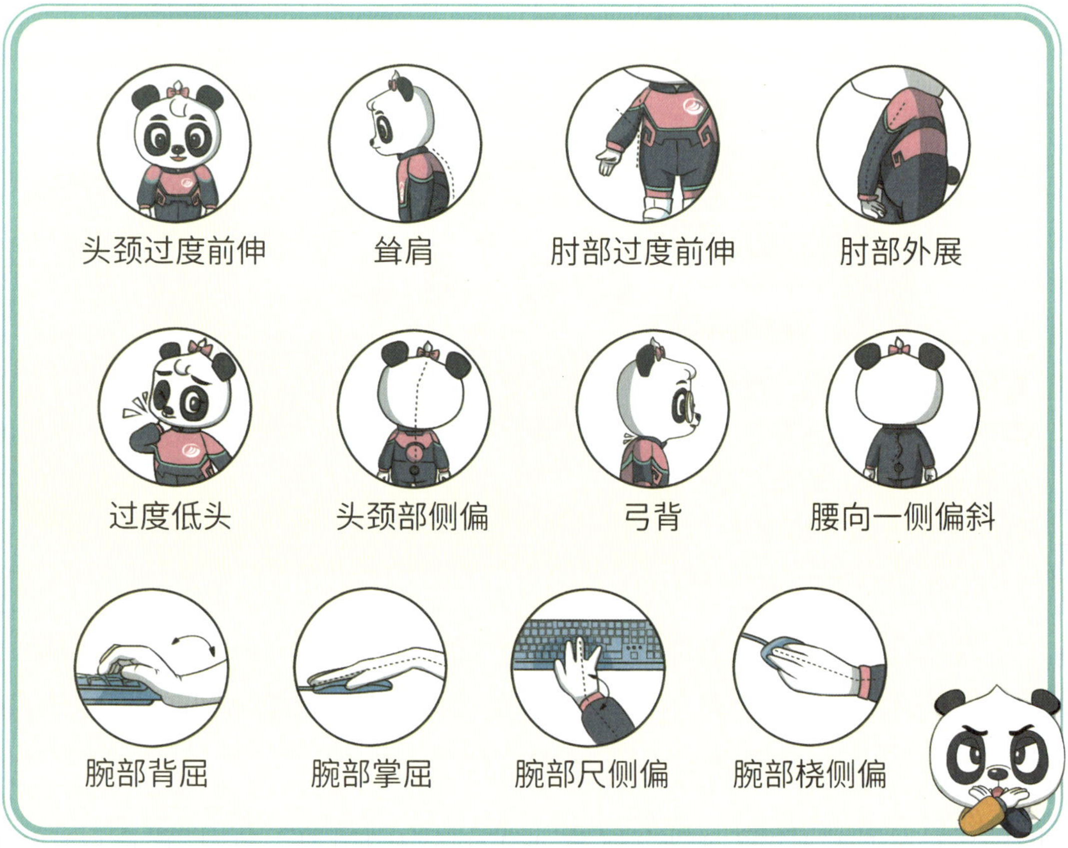

2 布空间：为了便于我们采用良好的操作姿势，确保电脑桌下有足够我们的腿部自由活动的空间；椅靠背能够有效地支撑我们的腰部；电脑屏幕上缘略低于我们的水平视线。

3 控光线：使用窗帘或调整显示屏方向，避免来自窗户的天然光或室内灯光在屏幕上形成眩光点。

4 勤放松：使用电脑期间，每15分钟宜放松眼睛，可将视线从屏幕上移开，眺望他处或快速眨眼；每30～40分钟宜休息3～5分钟，可采取伸展、站立、走动等形式变换身体姿势。

8 国标，作业本的“健康经”

作业本作为小朋友们的必需学习用品，我们几乎每天都会使用。文具店卖得有好多漂亮的本子，可谓是“色香味俱全”。

你一般怎么挑选作业本呢？大多数的小朋友依据外观来作选择，但你知道吗？长期使用不适合我们或者质量不达标的本子，会对我们造成不利的影响。

长期使用纸张亮度(白度)太高的纸张，会损害小朋友们的视力。

作业本的有害化学物质超标，被人体吸收后会对健康造成危害。

粗糙、表面凹凸不平的纸张，不利于我们书写。

作业本的行高不足、留空过窄，不仅不利于书写，更会加速视觉疲劳，可能会导致近视。

做工不良的作业本有锋利的边缘或毛刺，可能导致我们被刺伤、割伤。

作业本装订不合格会影响使用。

为了我们能够愉快学习、健康成长，我国发布并实施了多项强制性国家标准，对作业本的安全和近视防控相关卫生要求进行了明确规定。

下面我们一起来看看，如何依据国标选购作业本吧！

熊小标带你挑作业本

1 查产品标识：应清楚标明产品名称、生产厂名、厂址、执行标准等内容，避免购买三无产品。目前，《学生用品的安全通用要求》（GB 21027）以及《儿童青少年学习用品近视防控卫生要求》(GB 40070) 都对作业本的生产质量进行了规范。

2 闻味道：合格的作业本只有轻微的纸张和油墨的自然气味。避免购买有明显刺鼻气味或不正常浓烈香味的本子。

3 对光看：打开作业本，合格的纸张颜色在日光灯下看起来应该为柔和的乳白色或微微发黄（图画簿和毛笔书法簿除外）；避免购买内芯纸张看起来白得发光的本子。

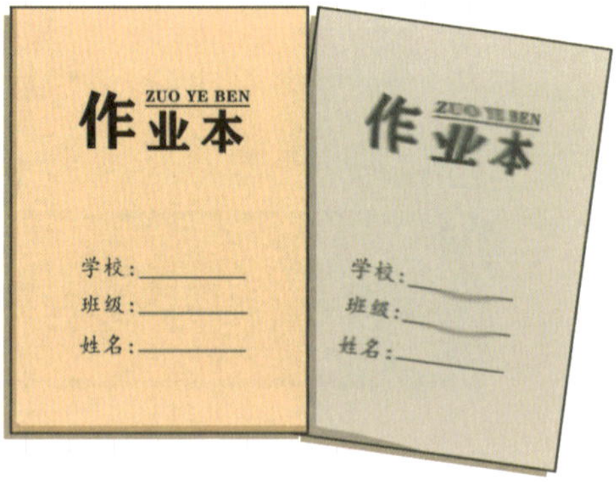

4 **摸**一摸：感受纸张的平滑度适中，同时避免选择纸张过于轻薄、边缘割手、有锐利尖端的本子。

5 **看**印刷质量：封面图案文字和内芯印划线应清晰完整、纸面洁净无脏迹。

《儿童青少年学习用品近视防控卫生要求》(GB 40070) 小学阶段课业簿册内芯格线尺寸规格	
横线类	
英语练习簿册	行高不小于 9.0 毫米
其他	行高不小于 8.0 毫米
方格类	
一年级数字练习簿册	方格宽应不小于 9.0 毫米，高应不小于 10.0 毫米
一、二年级田字格练习簿册	方格宽和高相等，应不小于 14.0 毫米
其他	方格宽和高应均不小于 8.0 毫米

6 **量**尺寸规格：依据上表，选择内芯格线尺寸规格符合规定的各类簿册。

玩具滑板车优选指南

玩具滑板车好玩又刺激，不仅可以让我们体验到滑行的乐趣，更是一种有益于我们身心发展的运动方式。

增强身体素质和协调能力

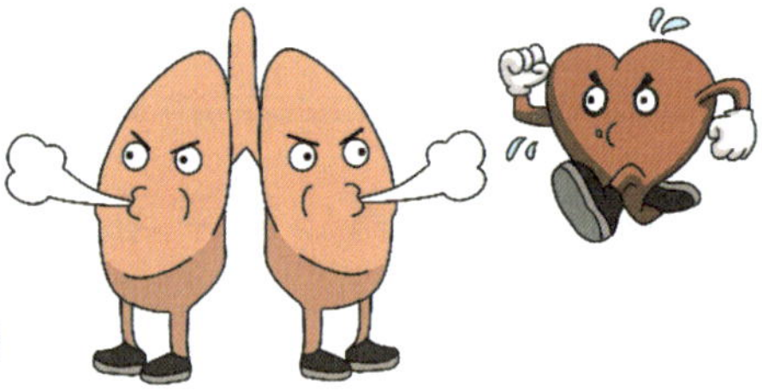

促进心肺功能发育

提高反应速度

培养自信心和勇气

开发探索欲和冒险精神

增强社交能力

不过，你在玩滑板车时受过伤吗？你有没有想过，受伤究竟是自己使用不当导致的，还是你的滑板车本身就有质量安全问题呢？

事实上，市面上售卖的一些玩具滑板车由于设计制造不合理，导致小朋友在使用时比较容易发生危险。

前轮尺寸过小，
易摔倒。

车身有尖角、毛刺
或利边。

踏板不防滑，
易失控。

带有“危险圆孔”，
卡住手指不易拿出。

车轮与车身的活动部
件间隙有夹指风险。

稳定性与强度不足，使用时
突然损坏，带来危险。

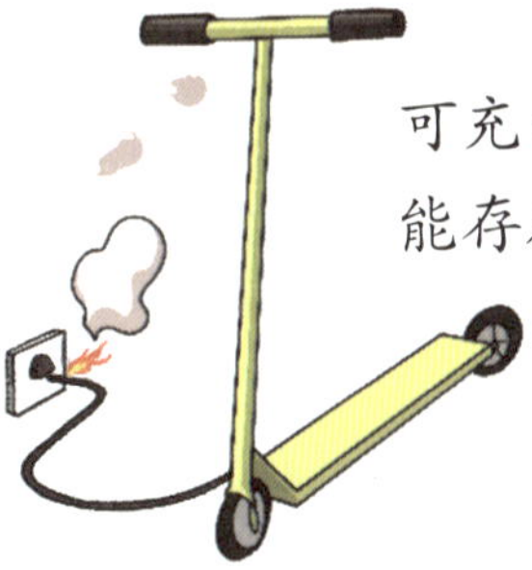

可充电的玩具滑板车，可
能存在电池安全风险。

当我们挑选滑板车时，琳琅满目的款式与各具特色的设计常常令人犯难。面对众多选择，怎样避免购买到存在安全隐患的玩具滑板车呢？别担心，国标来帮你！

熊小标带你挑玩具滑板车

1 查产品说明书及标识：确保标识齐全，包括生产厂家名称、地址、产品名称；执行标准号“GB 6675.12”字样清晰，以及带有强制性产品认证（CCC认证）标志。

2 关注适用年龄及承载体重：选择自身适宜的玩具滑板车。

3 验车体牢固性：确保车体结构牢固，无焊接不牢或明显变形的情况。

4 找刹车：选择带有制动装置的滑板车，否则遇到紧急情况时无法刹车。

5 防夹手：国标对玩具滑板车的把立管的高度调节孔作出了明确的规定：厚度≥1.58毫米，深度≥10毫米，直径≤6毫米或≥12毫米；此外，其车轮与车身的安全间距为小于5毫米或≥12毫米。

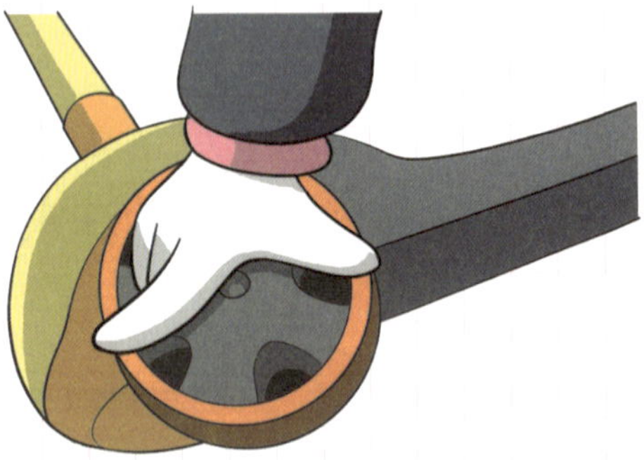

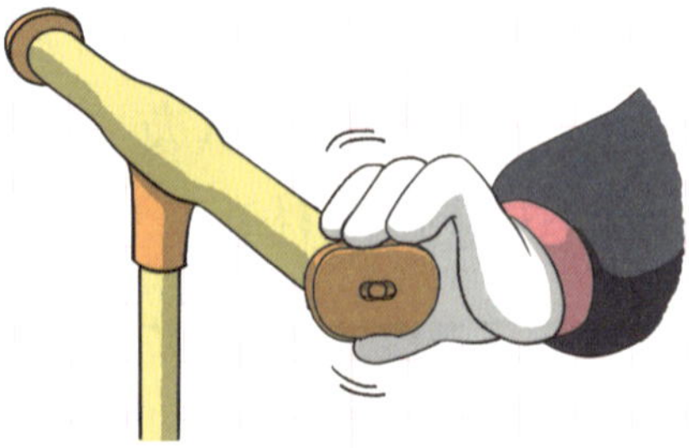

6 量前轮直径：玩具滑板车上使用的前车轮的直径应大于120毫米。

7 摸车把：车把上应有由弹性材料制成、具有扩大的尾端、安装牢固的把套。

8 拆开看：儿童滑板车的把立管和把横管的长度调节机构应能够锁紧；另外，检查金属部件上是否有锋利的边缘及尖端。

10 买篮球，不买“炸弹”

打篮球是小朋友们最喜爱的运动项目之一。球场上尽情奔跑、跳跃、投篮的身影，队友之间的默契配合，还有恣意挥洒的汗水，都是我们热爱它的体现。

而热爱篮球运动的你是否知道，篮球也隐藏着危险？

篮球的突然爆炸会炸伤其爆炸范围内的人，爆炸产生的热量和火花可能会点燃周围的可燃物，导致火灾发生。

市场上的篮球种类繁多，质量参差不齐。相比之下，低质量的篮球存在的安全隐患更大。

材料不合格、制作工艺不当等，这些瑕疵会导致篮球在使用的过程中，出现爆炸的风险。

当篮球长时间暴露在高温下，篮球可能出现鼓包，当内部压力达到临界点时，篮球就会爆炸。

篮球遭到尖锐物品的撞击，会损坏篮球的内胆，导致篮球爆炸。

当篮球充气过度时，篮球结构无法再承受外部压力，如果此时使用篮球，可能会导致篮球爆炸。

在选购篮球时，面对五花八门的选择，我们常常不知道什么样的篮球更加适合自己。

为了保护我们的安全，国家标准在篮球的尺寸、材料和安全性等各方面，对其质量提出了明确要求。

熊小标带你挑 标准篮球

1 查 标志及标识：确保产品单位名称、地址、产品标准号等标识齐全。依据国标，篮球的执行标准号为 GB/T 22868。

2 选 球号：不同年龄段的人群需要使用不同规格的篮球，应依据自身年龄选择篮球号数。

品名	球号	适用年龄
儿童篮球	3	5 岁以下
少儿篮球	5	5～8 岁
女子成年篮球	6	9 岁及以上

3 **摸**一摸：尽量选择摸起来手感柔和、防滑、耐磨损的材质。

4 **拍**一拍：轻轻拍打篮球，感受其反弹力和手感。好的篮球应该有适当的弹性。

5 **压**一压：试着用手轻轻按压篮球，检查气压是否合适、是否漏气。

篮球使用安全提示

1. 充气切莫太满，以 70% ～ 80% 为最佳；
2. 篮球妥善存放，避免日晒雨淋；
3. 使用前检查篮球是否有破损等异常；
4. 出现“沙沙”撕裂声时，需及时远离。

11 “腕上安全”看国标

儿童智能手表好看又好玩，集定位、通信、娱乐、学习等功能于一身，越来越成为小朋友们学习和生活中不可或缺的一部分。

我们渴望智能手表有更多的功能。不过，随着市面上的同类型产品越来越多，商家与商家之间的竞争越来越激烈，问题也随之而来。

外壳气味大、掉漆，材质无标注。

定位不准。

内容多又杂，影响小朋友的心智健康。

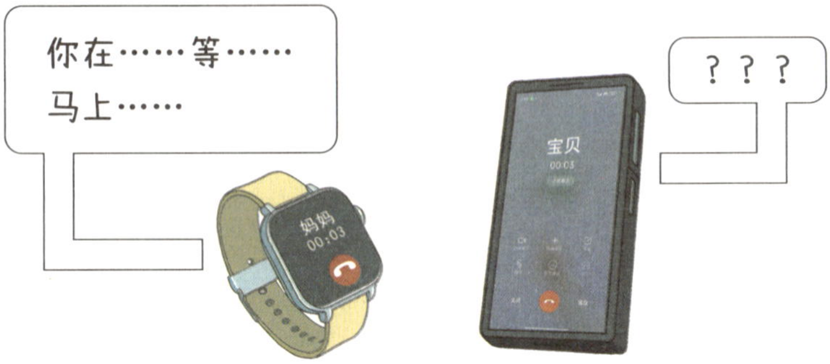

信号不稳定，通话质量差。

如果被坏人植入恶意程序，可以轻易、不间断地获取我们的位置、人脸图像、录音等。

违规扣费。

那么，我们应该如何正确地选购儿童手表呢？

对此，我国发布并实施了全球首个儿童手表国家标准，该标准针对儿童手表在如静态定位、通话、电磁辐射、信息安全、电池安全、充电安全、佩戴安全温度等方面的规范，提出了全面、细致的要求。

熊小标带你挑智能手表

1 查包装：注意查看产品名称、厂名厂址、执行标准、安全警示标识等产品信息。建议购买标明执行标准为 GB 44702《儿童手表》的产品。

具有通话功能的儿童智能手表，检查产品包装是否标明强制性产品认证（CCC）标志、进网许可证号和无线电发射设备型号核准许可号（CMIIT）。

2 看外观：产品外观应无划痕、毛刺、锐边等影响安全佩戴和使用的缺陷；字符图案准确、清晰，无明显瑕疵；表壳体牢固，无明显间隙。

③ **了解**功能：询问儿童智能手表是否具有防水、防振功能，软件是否具有社交功能等，选择适合自身需要的产品。

儿童智能手表使用注意事项

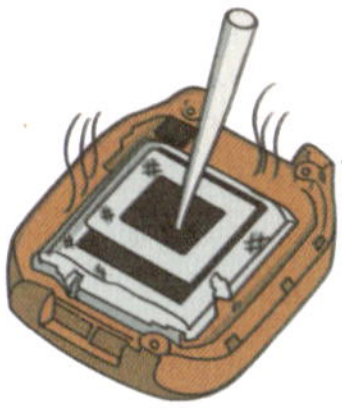

（1）避免佩戴时磕碰跌落。如发现电池挤压变形、异常发热、破损或异物刺穿时，应立即停止使用。

（2）阅读说明书当中的注意事项，了解安全使用提示。

（3）避免在手表被使用的状态下充电；充满电后，及时拔掉充电器。

（4）不随意扫描二维码，及时升级系统，以保障信息安全和支付安全。

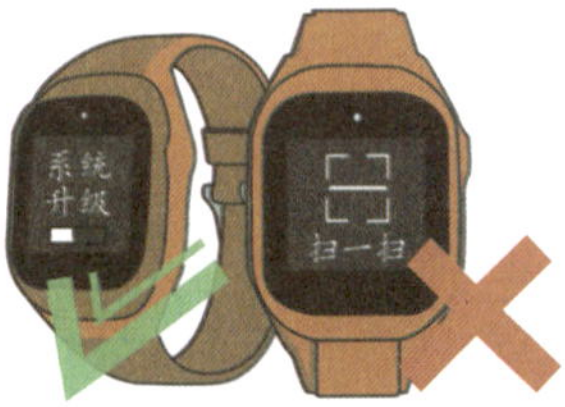

12 安全玩耍，有国标

玩具在小朋友们的生活中扮演着重要的角色，陪伴我们度过欢乐的童年时光。

玩具帮助我们学习知识，培养我们的观察力和思考能力。

玩具满足我们的好奇心和探索欲，让我们尽情发挥想象力和创造力。

玩具锻炼我们的手眼协调能力和精细动作技能，促进我们的大肌肉群发展和协调性。

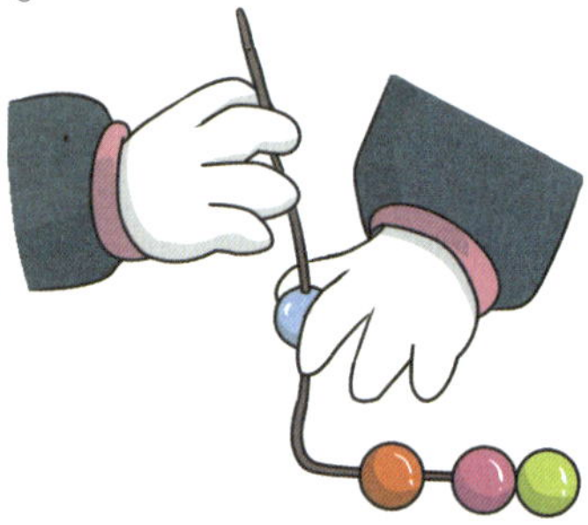

玩具给我们带来快乐，提供安慰和安全感。

玩具提高我们的社交能力，让我们交到更多朋友。

电玩具的使用更加便捷，互动性与体验感更强。随着科技的进步，电玩具的种类越来越多，逐渐成为市场的主流。

但是，你知道吗？一些看似无害的电玩具却潜藏着危险，甚至可能对我们的生命造成威胁。

如果误食了玩具上的零件，可能会导致窒息或其他危险。

做工不好的玩具上可能有尖点或利边，容易造成划伤、戳伤等。

发出过高噪声的玩具会对我们的听力造成损伤。

某些玩具的电气系统出现故障或被误触，可能会造成烫伤、灼伤、电击等伤害。

某些玩具可能发出有害辐射。长时间暴露在这些辐射下，可能会对我们的健康造成危害。

某些玩具使用的电池可能含有有毒物质。

所以，电玩具该怎么选呢？——为了保障我们的安全，我国针对电玩具制定了国家标准。符合国标的电玩具经过严格的安全测试，能有效减少我们玩耍时的安全隐患。

熊小标带你挑电玩具

1 查产品标识：确保产品标识信息完整，包括产品名称、厂名厂址、产品质量检验合格证明等，执行标准号“GB/T 19865”字样清晰。此外，电玩具在强制性产品目录内，应选购获得强制性产品认证（CCC 认证）的产品。

2 了解适用年龄：仔细阅读《产品说明书》中的“产品适用年龄”以及“安全警示说明”，根据自己的年龄段挑选合适的产品。

3 **看**外观：确保产品清洁干净、无污染，没有锐利的边缘和毛刺，也没有很硬的突出物。另外，电池盖应无法被小朋友轻易打开。

4 **测**声光：选购具有发声、发光功能的玩具时，避免选择声音刺耳、分贝过高或灯光闪烁刺眼的产品。

电玩具使用注意事项

（1）玩耍时千万要小心，避免食入任何玩具中的小部件，尤其是电池。

（2）充电器、变压器在家长的陪同下使用。

（3）如果电池玩具长时间不使用，请家长从玩具中取出电池，防止电池腐蚀、电池液泄漏。

熊猫标局运动会

了解了这么多标准，感觉累了吗？你真幸运，刚好赶上熊猫标局一年一度的运动会！和我们的运动会一样，这场运动会的评定标准也是依据《学生基本运动能力测评规范》（GB/T 44099）。一起来放松一下吧！

跨跳圈

漏圈1个、触圈或触圈外地面1次以及未绕过标志桶1次，均记作违规1次。

爬行＋翻越

爬行中落地1次与绕过障碍均记作违规1次。

小学生基本运动能力等级划分

（每级的运动能力逐级提高）

一级	一、二年级
二级	三、四年级
三级	五、六年级

绕杆跑

碰倒杆1次、漏杆1次以及碰倒杆未放回原处，均记作违规1次。

沙包投准

踩线或越线1次，记作违规1次。

象限跳

跳出方格1次、漏跳方格1次、一个方格内跳2次或2次以上以及未绕标志桶1次，均记作违规1次。

攀爬
攀爬中落地1次与绕过攀爬架1次均记作违规1次。
仰撑举腿摆越障碍
腿或脚触碰障碍1次与臀或躯干触碰垫1次，均记作违规1次。
臀部支撑转体
脚或背触垫1次、完成次数少1次以及未两手相握触地，均记作违规1次。
正面双手向前掷实心球
踩线或越线1次以及单手投掷1次，均记作违规1次。
折线跑
未触碰标志桶顶端1次、漏碰标志桶1次以及碰倒标志桶未放回原处，均记作违规1次。
双手支撑翻越组合
翻越中除双手撑跳箱外，身体其余各部位触碰箱面，以及翻越中双脚未高于箱面过箱，均记作违规1次。
跨跳小栏架
触碰栏架1次、碰倒栏架未放回原位1次以及未绕过标志桶1次，均记作违规1次。

儿童少年生活质量量表

这份问卷是为了了解你的生活状况，与你是否聪明、是否是好学生没有关系，题目的答案也没有正确与错误之分。

一、请你根据自己的实际情况，选择与你的感觉和生活最接近的答案，并将答案前的圆涂上颜色。每题只选一个答案。

例题：你喜欢冰淇淋吗？

①不喜欢 ②有一点喜欢 ③比较喜欢 ④非常喜欢

1. 你觉得班上的同学对你友好吗？

①不友好 ②有一点友好 ③比较友好 ④非常友好

2. 你能轻松地参加田径和球类运动吗？

①不轻松 ②较轻松但体力较差 ③轻松且体力好 ④非常轻松

3. 你对自己的记忆力感到满意吗？

①非常不满意 ②有一点不满意 ③比较满意 ④非常满意

4. 你家附近有你可以进行体育活动的场所吗？

①没有 ②有但不安全 ③有但较小 ④有很好的场所

5. 你对你和老师的关系感到满意吗？

①不满意 ②有一点不满意 ③比较满意 ④非常满意

6. 你对父母和你的关系感到满意吗？

①不满意 ②有一点不满意 ③比较满意 ④ 非常满意

7. 你有机会参加你所喜欢的课余活动吗？

①极少有机会 ②机会较少 ③有比较多的机会 ④有非常多的机会

8. 你的朋友关心你吗?

①不关心 ②有一点关心 ③比较关心 ④非常关心

9. 你的好朋友多吗?

①有一两个 ②有三四个 ③有五六个 ④有很多

10. 你对自己参加体育活动的能力感到满意吗?

①非常不满意 ②有一点不满意 ③比较满意 ④非常满意

11. 你家周围的环境安静吗?

①非常吵闹 ②有一点吵闹 ③比较安静 ④非常安静

12. 你对自己的睡眠情况感到满意吗?

①非常不满意 ②有一点不满意 ③比较满意 ④非常满意

13. 你对自己的精力感到满意吗?

①非常不满意 ②有一点不满意 ③比较满意 ④非常满意

14. 你对自己的生活感到满意吗?

①不满意 ②有一点不满意 ③比较满意 ④非常满意

15. 你家附近能方便地买到你的生活和学习用品吗?

①很不方便 ②有一点不方便 ③比较方便 ④非常方便

16. 你觉得老师喜欢你吗?

①不喜欢 ②有一点喜欢 ③比较喜欢 ④非常喜欢

17. 你对自己的健康感到满意吗?

①不满意 ②有一点不满意 ③比较满意 ④非常满意

儿童少年生活质量量表

18. 你家附近交通方便吗？

①很不方便　②有一点不方便　③比较方便　④非常方便

19. 你对自己的朋友感到满意吗？

①非常不满意　②有一点不满意　③比较满意　④非常满意

20. 你认为自己的生活快乐吗？

①非常不快乐　②有一点不快乐　③比较快乐　④非常快乐

二、请选择与你的实际情况最相符的选项，①表示“从不这样”，②表示“很少这样”，③表示“经常这样”，④表示“总是这样”。将你选的答案涂上颜色，每题只选一个结果。

例题：你经常洗澡吗？　①　②　③　④

（如果你每天都洗澡，则选④）

21. 你常觉得大多数人都喜欢你吗？　①　②　③　④
22. 当遇到难题时，你仍然能坚持做下去吗？　①　②　③　④
23. 当遇到困难时，你能得到老师的帮助吗？　①　②　③　④
24. 需要帮助时，你能找到可信赖的朋友吗？　①　②　③　④
25. 你常很容易就记住新学的知识吗？　①　②　③　④
26. 你常有机会去看展览、比赛或旅游吗？　①　②　③　④
27. 你除了完成作业还愿意做其他的练习吗？　①　②　③　④
28. 你觉得自己是集体中重要的人吗？　①　②　③　④
29. 你常喜欢和父母呆在一起吗？　①　②　③　④
30. 你常举手回答老师提出的问题吗？　①　②　③　④
31. 你喜欢你的老师吗？　①　②　③　④
32. 你认为自己是个好学生吗？　①　②　③　④

测一测 2

33. 父母能理解你的想法吗？ ① ② ③ ④
34. 你觉得老师对你友好吗？ ① ② ③ ④
35. 你常参加体育锻炼吗？ ① ② ③ ④
36. 当遇到困难时，你愿意告诉父母吗？ ① ② ③ ④

计分方法：

所选选项上的数字即为该条目的得分。将所有条目的得分相加，得到最终得分。

最终得分： ____________

以上条目得分越高，表示你的生活质量水平越高哦！再来测一测以下条目吧！如果第 37 ~ 49 条的得分很高的话，你就需要寻求家长或老师的帮助啦！

37. 你常为已经做的事后悔吗？ ① ② ③ ④
38. 你一做作业就觉得心烦吗？ ① ② ③ ④
39. 你做作业的过程中常需要休息好几次吗？ ① ② ③ ④
40. 你常偏爱某些食物或不吃某些食物吗？ ① ② ③ ④
41. 你容易感到紧张或害怕吗？ ① ② ③ ④
42. 你常感到疼痛或身体不舒服吗？ ① ② ③ ④
43. 你常为这样或那样的事感到烦恼吗？ ① ② ③ ④
44. 你常担心自己做错事吗？ ① ② ③ ④
45. 你常感到累或者没有精神吗？ ① ② ③ ④
46. 你早上起床后常觉得还是很累吗？ ① ② ③ ④
47. 你常觉得生活没意思吗？ ① ② ③ ④
48. 你常要花很长的时间来完成作业吗？ ① ② ③ ④
49. 你常觉得不想吃饭或吃得过饱吗？ ① ② ③ ④

儿童少年生活质量量表改编自《儿童青少年发育水平的综合评价》（GB/T 31178—2014），是一份多维度儿童少年生活质量自评式测量工具。

儿童少年常用产品现行标准快速检索表

有声读物

GB/T 44144

毛绒、布制玩具

GB/T 9832

纸巾

GB/T 35613

面包

GB/T 20981

饼干

GB/T 20980

水杯 / 壶

GB/T 42762

儿童箱包

GB/T 41002

铅笔

GB/T 26704

考试用圆珠笔

GB/T 26699

考试用铅笔和涂卡专用笔

GB/T 26698

娱乐机器人

GB/T 41393

牙膏

GB/T 8372

润唇膏（嗜喱、霜）

GB/T 26513

毛巾

GB/T 22864

儿童雨靴（鞋）

GB/T 33313

儿童自行车

GB 14746

烟花爆竹

GB 10631

标准知识加油站

一、单项选择题

1. 世界标准日是（　　）。

A. 3 月 12 日　　B. 9 月 20 日　　C. 10 月 14 日　　D. 4 月 22 日

2. 公开企业产品 / 服务标准信息是企业的（　　）。

A. 自主权利　　B. 法定义务　　C. 法律要求　　D. 标准规定

3. 国家标准、行业标准分为强制性标准和（　　）标准。

A. 推荐性　　B. 非强制性　　C. 试用性　　D. 地方性

二、多项选择题

4. 依据《中华人民共和国标准化法》，对（　　　　）的技术要求，应当制定强制性国家标准。

A. 保障人身健康和生命财产安全
B. 国家安全
C. 生态环境安全
D. 满足经济社会管理基本需要

5. 强制性标准，必须执行。不符合强制性标准的产品，严禁（　　　　）。

A. 生产　　B. 销售　　C. 进口　　D. 出口转内销

三、判断题

6. 强制性国家标准的编号由强制性国家标准代号（GB）、顺序号和年代号构成。（　　）

正确答案：1. C；2. B；3. A；4. ABCD；5. ABCD；6. √

图书在版编目（CIP）数据

奇妙标准大发现 / 林涛主编 . -- 成都 : 成都电子科技大学出版社，2024. 11. -- ISBN 978-7-5770-1309-1

Ⅰ. G307-49

中国国家版本馆 CIP 数据核字第 2024J1G615 号

奇妙标准大发现

QIMIAO BIAOZHUN DA FAXIAN

林涛　主编

策划编辑　段　勇　罗国良
责任编辑　罗国良
责任校对　陈姝芳
责任印制　段晓静

出版发行　电子科技大学出版社
　　　　　成都市一环路东一段 159 号电子信息产业大厦九楼　邮编 610051
主　　页　www.uestcp.com.cn
服务电话　028-83203399
邮购电话　028-83201495

印　　刷　成都理想印务有限公司
成品尺寸　185 mm×260 mm
印　　张　8.5
字　　数　125 千字
版　　次　2024 年 11 月第 1 版
印　　次　2024 年 11 月第 1 次印刷
书　　号　ISBN 978-7-5770-1309-1
定　　价　68.00 元